【文庫クセジュ】

キリスト教会史100の日付

ベネディクト・セール著
武藤剛史訳

Que sais-je?

白水社

Bénédicte Sère, *Les 100 dates de l'histoire de l'Église*
(Collection QUE SAIS-JE ? N° 3987)

目次

はじめに

教会史の一〇〇の日付について語る――言うまでもなく、それは教会の通史を書くことでもなければ、全体史を書くことでもありません。ましてや、教会の正史を書くことでもありません。そもそも、私がやろうとしているのは、単に教会の歴史を書くことではないのです。

私がやろうと思ったのは、むしろ、教会史にひそむ驚くべきこと、不都合なこと、逆説的なことを、あえて掘り出すことでした。もちろん、歴史の本道たる名高い日付、どっしりした日付、堂々たる日付を忘れてはいませんが、それだけではなく、ときには人があまり通らない脇道に入り込んだりもします。すると、教会の別の顔、意外な顔が現れてきます。地理的にも、ヨーロッパの中央部、主要部だけを巡るのではなく、ヨーロッパの周辺地域、さらにはヨーロッパから遠く離れたアメリカ、アジア、アフリカ、オセアニアまで足を延ばします。また小さな事件、あまり目立たない事象も扱います。大きな事件、目立った事象とは一味違った深い意味が隠されていることもあるからです。人物に関しても、わき役、副次的な人物を取り上げることもあります。彼らは彼らなりにかけがえのない重要な役割を果たしているのです。そんなふうに、生地の裏側をさらけだし、隠れた部分をむき出しにする仕掛けを、あちこちに用意しています。

本書で取り上げた一〇〇の日付は、それぞれの仕方で、教会について語っています。教会は非常にアプローチしにくい対象です。教会は、教義や経典によってみずからを定義しようとしますが、にもかかわらず、「教会とは何か」という根本的な問いにはなかなか答えてくれません。「教会」という言葉を、社会学的な意味で、あるいはプロテスタント的な意味で、理解すべきでしょうか。その場合、数多くのさまざまな教会が集まって、総体としての「教会」を形成します。そうすると、複数性ということをつねに念頭に置く必要があり、「〈諸〉教会史の一〇〇の日付」について語らなければならなくなります。それとも、西欧古代末期の宗教母体から生まれたときのままの教会、分裂以前の〈大教会〉こそ、「教会」の名にふさわしいと言うべきでしょうか。

ともあれ、私が本書で試みたのは、「教会」の意味範囲をできるだけ広げることでした。そこには、ラテン・ローマ教会のみならず、プロテスタント教会、さらには正教会も含まれます。同様にまた、西欧の教会だけでなく、世界中のあらゆる文化圏の教会、ヨーロッパ以外の諸大陸の教会も含まれます。それらをうまく結びつけ、ひとつの歴史として語りたいと思います。実際には、東洋よりも西洋の色彩が強く、ギリシアよりもラテンの色合いが濃いと言われれば、まさにその通りですが、この不均衡は、もっぱら、著者自身の能力の限界によるものです。

この「教会史一〇〇の日付」は、「教会とは何か」という問いにたいするさまざまに屈折したアプローチにほかならず、教会をひとつの定義のなかに押しこめるのではなく、「教会」という言葉が普通意味するのとは別の意味、もっと広い意味において教会をとらえることによって、教会のさまざまな相貌を描き出そうとしています。

どんな基準で一〇〇の日付の選んだのか、ということについては、いろいろ疑問がおありでしょう。肝心な日付が欠けているではないか、重大事件が抜けているではないか、というご指摘もあろうかと思います。歴史的事件を年代順に並べるのは月並みな仕事ですが、そこをうまく工夫して、因習、類型化、独断に陥ることなく、読者の皆様の好奇心をつねにかき立てるべく心掛けました。それぞれの現在が過去を意味づけ、さらにはその過去の過去をも意味づけます。ですから、出来事を作り出すのは、出来事それ自体と同程度に、歴史家の仕事でもあります。この「教会史一〇〇の日付」は、そうした考えに基づいて書かれています。

日付一覧

三〇～三三年頃　イエスの磔刑と復活の告知
五〇年　〈エルサレム公会議〉
七〇年　エルサレム陥落と神殿破壊
一五〇年頃　ムラトリ正典目録
一七七年　リヨンのエイレナイオスはグノーシス的二元論に抗して統一性の神学を確立する
二五〇～二五一年　デキウスによる迫害
三一三年　ミラノ勅令はほんとうに出されたのか？
三二五年　ニカイア公会議
三八六年　ミラノの庭、アウグスティヌスの回心
四〇五年　ウルガタ聖書
四一〇年　ローマの略奪――悲劇か断絶か？
四〇〇～四一〇年　レランス島の修道院

四九六年　この年、レミはクロヴィスに洗礼を授けたわけではない
五五〇年頃　ヌルシアのベネディクトゥスの戒律
五八七年　西ゴート王レカレドの改宗
五九七年　アウグスティヌス――イギリスへの伝道者、カンタベリー初代司教
六三八年　アラブ人によるエルサレム占領、イスラムの挑戦
八〇〇年頃　西欧がキリスト教世界を発明した
八三〇年　ザンクトガレン平面図、理想の修道院
八六一年　キュリロスとメトディオスによるスラブ人改宗
九〇九ないし九一〇年　クリュニー修道院の創設
九六三年　アトス山の大ラヴラ修道院の創設
一〇〇〇年　オーリヤックのジェルベール、紀元千年の教皇
一〇三三年　ラウル・グラベール、時の終わりと世界の再生のあいだで
一〇五四年　東西教会の分離という神話
一〇九五年　クレルモンでのウルバヌス二世の訴え、十字軍の始まり
一一一三年　ロムアルドがトスカナの地に設立したカマルドリ修道会

一一一五年　シトー会修道士ベルナルドゥス
一一二二年　ヴォルムス協約
一一四三年　コーランが初めてラテン語に訳される
一一七〇年　カンタベリー大聖堂にて大司教トマス・ベケットが暗殺される
一二〇二～一二〇四年　ザラとコンスタンティノープルの略奪
一二〇五年　フランチェスコ、公共広場で服を脱ぎ、アッシジ司教にわが身を委ねる
一二〇九年　アルビジョワ十字軍を率いるシモン・ド・モンフォール
一二一五年　第四ラテラノ公会議
一二二八年　フリードリヒ二世ホーエンシュタウフェン――アンチキリストか、啓蒙君主か？
一二五二年　異端審問
一二七〇年　ルイ九世、チフスに罹り、チュニスで死去
一二七一～一二七二年　トマス・アクィナス、『神学大全』集成
一二七七年　エティエンヌ・タンピエ、パリ大学で二一九の教説を断罪する
一二八二年　クビライ・ハーン、キリスト教信仰を中国に迎え入れる
一三〇二年　ボニファティウス八世、勅書「ウナム・サンクタム」を発布する

一三一〇年　マルグリット・ポレト、パリで火刑に処せられる
一三一七年　ヨハネス二十二世、聖霊派を断罪する
一三三一年　至福直観論争が始まる
一三五二年　アヴィニョンにおける教会とペスト
一三七八年　ローマで、恐怖と騒乱のなか、ウルバヌス六世が教皇に選出される
一三九八年　パリ大学、教皇にたいする「服従の撤回」を提案する
一四三八年　「国事詔書」がブールジュで起草される
一四五〇年　ニコラウス五世、ローマで聖年大赦を布告する
一四八六年　『魔女に下す鉄槌』
一四九四年　サヴォナローラ、フィレンツェを不安に陥れる
一五一六年　フランソワ一世、ボローニャの政教協約に署名する
一五一七年　ルター、九十五か条の提題を掲げる
一五二一年　ギヨーム・ブリソネとマルグリット・ダングレームの霊的往復書簡
一五三四年　ヘンリー八世、「英国国教会の唯一至上の首長」
一五四〇年　イエズス会、ローマで認可される

一五四一年　カルヴァン、ジュネーヴ改革派教会を創設
一五五〇年　バリャドリッド論争
一五五五年　カール五世の退位宣言
一五六三年　大村純忠の受洗
一五六四年　トリエント公会議教令の施行開始
一五七二年　ガスパール・ド・コリニー、聖バルテルミー祭の夜、暗殺される
一五七九年　ディエゴ・バラデス、『キリスト教修辞学』を出版
一五九三年　アンリ四世、プロテスタント信仰を捨て、カトリックのミサを受ける
一六〇一年　マテオ・リッチ、北京にたどり着く
一六一五年　レコレ会宣教師、ヌーヴェル・フランスに到着
一六四八年　教皇インノケンティウス十世、ウェストファリア条約の条項に異を唱える
一六五六年　パスカルの『プロヴァンシアル』の刊行が始まる
一六九七年　キエティスム——フェヌロン対ボシュエ
一七一三年　教皇勅書「ウニゲニトゥス」
一七四〇年　ベネディクトゥス十四世、啓蒙教皇?

一七七三年　クレメンス十四世、イエズス会を廃止する
一七九〇年　聖職者民事基本法
一八〇一年　ナポレオンのコンコルダ体制
一八二五年　ヨハン・アダム・メーラー、『教会の統一性』を刊行
一八三七年　フツナ島（オセアニア）でピエール・シャネルが最初のミサを挙げる
一八四五年　オックスフォード運動とジョン・ヘンリー・ニューマン
一八五八年　マッサビエルの洞窟に聖母が出現する
一八六三年　ルナン、『イエスの生涯』を刊行する
一八七〇年　ヴァチカン公会議、教皇不可謬の教義を布告する
一八八六年　チャールズ・ルワンダ――ウガンダのキリスト教殉教者
一八九〇年　福音主義社会協議会の創設
一八九一年　レオ十三世は回勅「レルム・ノヴァルム」によって近代世界を受け入れたか？
一九〇二年　アルフレッド・ロワジー、『福音と教会』を刊行する
一九〇五年　フランスにおける政教分離法
一九一二年　教会がひとつの理念型となる

一九一七年　タンザニアでアフリカ人司祭が初めて叙階される
一九二五年　リジューのテレーズの列聖
一九三七年　ナチズムを糾弾する回勅「深き憂慮とともに」、共産主義を糾弾する回勅「ディヴィニ・レデンプトリス」
一九五〇年　〈新しい神学〉が糾弾される
一九五一年　信徒使徒職のための第一回国際会議がローマで開催される
一九五九年　ヨーロッパ教会会議の創設
一九六二年　第二ヴァチカン公会議の開会ミサ
一九六八年　回勅「フマネ・ヴィテ」にたいする異議申し立て
一九七五年　聖書の共同訳
一九七九年　プエプラ司教会議
一九九九年　義認の教理についての共同宣言
二〇一三年　ベネディクト十六世の辞任
二〇一三年三月十三日　フランシスコ、新しいスタイルの教皇？

三〇～三三年頃　イエスの磔刑と復活の告知

「その頃、イエスという名の賢者がおり、その行いは立派であった。」九三～九四年頃、フラウィウス・ヨセフス[1]は『ユダヤ古代誌』に書いている。「多くのユダヤ人、そしてはかの国の人びとも、彼の弟子になった。しかしピラトが彼を十字架刑に処した。」

イエスは、まずガリラヤで、ついでエルサレムで、教えを説いた。彼は神の国の到来を告げ、ユダヤ教の律法解釈を覆し、神殿で商う商人たちの屋台をひっくり返し、彼らを神殿から追い出した。そのためイエスは、サドカイ派の大祭司たちによって告発され、祭司長の前で裁判にかけられ、国に逆らう重大犯罪を罰する〈大逆罪〉が適用され、十字架刑に処せられた。しかし厳密にいえば、この時点ではまだ、教会の歴史は始まっていない。イエスの弟子たちの一団は、彼らがメシアと信じていたイエスがほとんど何も成し遂げることなく屈辱的な最期を遂げたことに失望し、途方に暮れていたのである。

それから三日後、ユダヤの過越祭の日の朝、物語は始まる。何人かの弟子たちが、イエスの遺体を納めた墓が空《から》になっていることを確かめ、師は復活したのだと言い出す。キリスト教の歴史はまさしく、空の墓を前にして、彼らがイエスの復活を信じたことから始まったのである。歴史的な観点からいえば、この復活信仰こそがキリスト教の歴史の始まりを画する出来事であり、空の墓の話が歴史的事実かどうかは二の次の問題なのである。復活というどんでん返しによって、失望のどん底にあったユダヤ人たちの小さなグループが熱心な使徒たちの共同体に生まれ変わったのだ。伝統的に、ペンテコステ(2)(五旬祭)が教会誕生の日とされている。ただし、その共同体はまだ、ナザレのイエスを創始者とするユダヤ教一セクトの延長でしかなかった。

使徒たちの宣教の核心にあるのは、イエスの特異な死、三日後に蘇ることによって克服されたこの死は、人間たちの罪の贖いにほかならないという思想である。人を蘇らせることができるのは神だけであり、それゆえイエスとは〈キリスト・メシア〉、すなわち神によって油を注がれた人、旧約の預言者たちが告げていた救世主なのである。イエスは、みずからの死と復活によって、人間たちを、死から、つまりは罪から、救うのだ。それがケリグマ、すなわち「福音(evangelion)」——あらゆる人間の救いの根拠と約束——の要点である。

しかしこうした事実理解は、あとから発見された現実なのである。イエスの刑死に、預言者たちが告げていた救世主としての業の成就を読み取るには、しばらく時間がかかった。こうした事後的解釈は、イスラエルの聖典に照らして行われた。つまり、福音書という証言文書は、歴史的事実の記述ではなくて、イエスにまつわる諸事件の「(旧約)聖書に基づく」神学的再解釈なのであり、イエスの人間像は使徒たちの信仰によって色付けされ、その行状についても演出がなされている。当然ながら、歴史上のナザレのイエスと、「死者たちのなかから復活した」イエス・キリスト(「ローマの信徒への手紙」八—十一)、使徒たちが証言しようとする救世主のあいだには、それなりの隔たりがある。

(1) フラウィウス・ヨセフス(三七〜一〇〇頃)、帝政ローマ期の政治家・著述家。
(2) ユダヤ教で過越祭から五十日目。キリスト教では聖霊降臨祭。

五〇年 〈エルサレム公会議〉

最初のキリスト教共同体がいくつか生まれつつある頃、タルソス[1]出身のファリサイ派ユダヤ人サウロ〔のちのパウロ〕が、三八年、ダマスコに向かう途上で回心した。彼は、最初にキリスト教に回心したユダヤ人のひとりであるアナニアから教えを受け、彼自身も、シナゴーグやユダヤ人たちの集まりで、教えを説くようになった。彼は、キリストからじきじきに力を与えられた使徒であることを自負し、四五年、福音を伝えるべく、小アジアに赴いた。ユダヤ人たちは彼に敵意を示したが、異教徒たちは彼の宣教を好意的に受け入れた。そこでパウロは異教徒回心の神学を確立し、かくして異教キリスト教[2]の共同体が増えていった。そこで生じたのは、ユダヤ律法を継承するか否かということとも関連して、ユダヤ・キリスト教と異教キリスト教というふたつの共同体をいかに融合し統一するか、という問題であった。当初、キリスト教に回心したユダヤ人たちは律法を遵守し、とりわけ非ユダヤ人――キリスト教に回心した異教徒たちも含まれる――と食事をともにしてはならないという戒律を厳しく守った。それゆえ、聖体拝領も、ふたつの共同体が合同して行うことはできなかった。割礼の問題もあった。キリスト教に回心した異教徒たちにも割礼を施すべきなのか？

四九年、状況が一変した。戒律を厳格に守ろうとするヤコブは、宣教方法の刷新を目論むパウロやバルナバに反発した。ペトロは、両者の中間的立場で、第三の道を選んだ。翌五〇年、のちになって〈エルサレム公会議〉と呼ばれることになる会議が開かれ、そこで論争が始まった。パウロは、ノアの戒律の規則（肉を偶像の生贄にしてはならない）を引き合いにして、キリスト教に回心した異教徒に割礼を義務づけるべきではないことを強引に認めさせた。

この〈公会議〉をきっかけとして、キリスト教とユダヤ共同体の分裂が始まり、四世紀にはそれが決定的となる。パウロがキリスト教をユダヤ教から切り離そうとしたのにたいして、ペトロはユダヤ・キリスト教徒たちの離反を心配し続けた。ペトロは、〈エルサレム公会議〉での決議にもかかわらず、アンティオキアでふたたび異教キリスト教徒たちと食事することを避けた。パウロはペトロをとがめた。ペトロは卑怯だったのか？　ともあれ、パウロは、いかなる形であれ、キリスト教のユダヤ化を拒否したのである。

五〇年代以降、パウロはヨーロッパ大陸の異教徒たちに福音を伝えることに専念する。こうして、キリスト教は、社会学的にも、地政学的にも、ユダヤ教から離れていった。

（1）古代ローマの属州キリキアの州都（現在のトルコ）。
（2）ユダヤ教を経ずして直接キリスト教徒になった異教徒たちを指す。

七〇年　エルサレム陥落と神殿破壊

クィリニウスの国勢調査[1]以来、ユダヤ州はローマ人の知事が治め、シリア総督の権限のもとにあった。司法権、行政権、そして警察権は総督に委ねられており、大祭司を任命するのも総督であった。四四年以降、ユダヤの国を統治するのはローマ人の行政官であった。最初は散発的であった反乱が、頻繁に起こるようになる。ユダヤの国粋主義的な対ローマ武装集団であるゼロテ派が騒動を大きくしていた。六六年、行政官ゲシウス・フロルスが神殿の宝物を十七タラント[2]も持ち出したことがきっかけで、暴動、しかも民族的暴動が起こり、やがて独立戦争に発展した。

皇帝ネロから軍の指揮を託された元老院議員ウェスパシアヌスが、六万の兵とともに現地に派遣され、ガリラヤとサマリアを平定した。ついで彼の息子ティトゥスが、七〇年にエルサレムを攻略し、戦争を終結させた。神殿は炎上し、町は完全に破壊され、住民は虐殺された。捕虜たちは流刑にされるか、または奴隷として売られた。フラウィウス・ヨセフスは、多少の誇張はあるだろうが、九万七千人が捕虜となり、百十万人が殺されたとしている。神殿がなくなり、供犠の祭儀が行われなくなったことで、ユダヤ教に決定的な断絶が生じた。それ以来、信仰活動はもっぱらシナゴーグで行われることになり、ラビが祭司にとって代わる。ユダヤ人が世界中に離散していく速度がさらに早まった。

もとより、この事件はユダヤ民族の歴史に属する事柄であり、初期キリスト教共同体の歴史に直接影響を及ぼしたわけではない。というのも、元異教徒からなるキリスト教共同体と元ユダヤ教徒からなるそれが分裂したのは、神殿崩壊よりも前のことであった。しかしキリスト教徒たちは、徐々に神学的解釈を練り上げることで、神殿崩壊の意味を読み解いていくことになる。エルサレムの破壊を予告したのは、たしかにイエスだが（「マタイによる福音書」二四―一～三）、キリスト教のいかなるユダヤ化をも阻止すべく構築した独自の神学の全体的論理にしたがって、キリスト教会を新たな神殿にしようと目論んだのは、ほかならぬパウロであった。その結果、エルサレム神殿はすべての存在理由を奪われたのである。この置き換え理論――神の計らいとして、ユダヤ教をキリスト教に置き換えること――は、ユダヤ人に神殺しの罪を負わせたことをはじめとして、第二ヴァチカン公会議にいたるまで続いたキリスト教の根強い反ユダヤ感情に関して、その責任の一端を担っていると言わねばならないだろう。

（1）この国勢調査は「ルカによる福音書」に言及されている（二―二）。クィリニウスは当時のシリア総督。
（2）古代ギリシアの重量単位（二〇～二七キロ）、あるいはその重量の金・銀に相当する貨幣額。

一五〇年頃　ムラトリ正典目録

イエスは文を書く人ではなかった。彼の教えはもっぱら口頭による。それゆえ、現在残っている最古のキリスト教文書はパウロが書いたとされる書簡類である。その最初のものは「テサロニケの信徒への手紙」で、五〇年ないし五一年に書かれた。その後、徐々に、パウロが創立した七つの教会（ほとんどは小アジアである）に宛てて九通の手紙（これもパウロの作とされる）が書かれ、それに個人宛の手紙四通を加えて、ひとつの書簡集としたことが、キリスト教正典の最初の形態となった。さらに「使徒たちの回想録」が福音書となったが、この福音書という語は単に〈良き知らせ〉[1]を意味するだけでなく、イエスの言行を伝える文書の範型ともなった。リヨンのエイレナイオスは、マルキオン主義者[2]やグノーシス主義者[3]などの異端との闘いを通じて、四つの福音書（すなわち四つの形態からなる同じひとつの福音）を正典とした。こうして、二世紀最後の四半世紀には、キリスト教正典目録が出回るようになった。つまり、正典とされる文書の大枠がようやく定まったということである。具体的にいえば、四つの福音書、使徒言行録、そしてパウロに帰せられる手紙（ただし「ヘブライ人への手紙」は除く）であり、のちに正典とされるパウロ以外の使徒書簡はまだ含まれていない。一七四〇年、文献学者ムラトリがミラノの古文書からこの目録を見つけ出した。そのためムラトリ正典目録と呼ばれる。「新約聖書」という言い方は、二〇〇年頃の文書で確認されている。「聖書外典」と呼ばれる文書に関しては、使徒伝承性や時代性の観点から、疑問が持たれている。

三世紀になると、聖書注釈が書かれるようになる。その代表は聖書解釈の父と呼ばれるオリゲネス[4]

のそれで、彼が書いた膨大な数にのぼる注釈書は聖書の権威を大いに高めた。かくして聖書は、教会の霊的、教理的、精神的な礎となったのである。

(1)エイレナイオス(一三〇頃～二〇二)、次項参照。

(2)マルキオンは二世紀前半にローマで活躍した神学者。次項参照。

(3)グノーシス主義は、一世紀に始まり、三、四世紀に地中海世界で勢力をもった宗教・思想である。霊と物質の二元論に特徴がある。自己と真の神の認識に到達しようとする。

(4)オリゲネス(一八五頃～二五四頃)、古代キリスト教最大の神学者、ギリシア教父。

一七七年　リヨンのエイレナイオスはグノーシス的二元論に抗して統一性の神学を確立する

小アジアのスミルナ出身のエイレナイオスは、一七七年にリヨン司教になったが、それはこの町で行われたキリスト教迫害の直後のことであり、しかも司教になると早速、彼の司教区でグノーシス主義運動によって引き起こされた騒動を鎮めなければならなかった。著書『異端反駁』において、エイレナイオスは、いくつかの異端のなかでも、とりわけマルキオン派を厳しく論駁している。マルキオン派は、独自の聖書解釈に基づく二元論を説く厳格で禁欲的なセクトであった。彼らは、旧約聖書の神、すなわち物質世界の創造主は、新約聖書の神、すなわち魂の救済者とはまったく別であると主張する。そこでエイレナイオスは、統一性の教理を築き上げた。ただひとりの神、ただひとりの御子、そしてただひとつの救い。エイレナイオスによれば、「創世記」の神、すなわち世界の創造主は、新約聖書の神とまったく同じ神であり、またキリストは神にして人間である。キリストは、アダムにおいて始められた神の御業を完成させ、神の計画を〈再確認〉するのだ。

エイレナイオスは、旧約・新約の両聖書が整合し調和する包括的な聖書解釈を打ち立てることで、救済史を統一したのである。彼は、一本の流れとしての聖なる歴史をたどってみせる。その贖いの御業は、グノーシス主義のエリートたち——信仰しか持たない単なる信者たちのような無学文盲の輩には遠く及ばない叡智を啓示によって得ることができると自負する者たち——だけでなく、あらゆる人間に向けられたものなのである。新旧両聖書の統一性や一貫性を再考することによって、エイレナイオスは、コンコーダンス(1)の論理に基づく神学を創始するとともに、グノーシス主義の挑戦を受け止めるべく、組織的な聖書解釈に取りかかるよう、教会を促したのである。

(1) 一致・符合・照応。とりわけ旧約聖書と新約聖書のそれ。

二五〇〜二五一年　デキウスによる迫害

キリスト教徒にたいする弾圧が最初に行われたのは、ネロ統治下の六四年のことである。同年にペトロが、六七年にはパウロが、それぞれ殉教している。しかし当時はまだ、迫害は局地的かつ散発的であった。一般民衆はキリスト教徒たちに敵対的であり、皇帝たちが彼らを迫害したのも、そうした民意に押されてのことであった。アントニヌス朝の時代(九六〜一九二年)、キリスト教徒たちは贖罪の生贄とされ、しかもそれはますます頻繁になっていった。

三世紀の中頃からローマ帝国が陥った危機によって、事態は急変した。まずは軍事上の危機で、ゴート族が帝国の国境を脅かしていた。しかし同時に、政治的、経済的、財政的、社会的、さらには道徳的危機でもあった。帝国は脅かされ、不安定になり、弱体化していた。そこで皇帝デキウスは、神々の仁慈を乞うべく、大祈願を命じた。帝国の全市民は、神々のために礼拝を行うことを義務づけられ、礼拝証明書が発行されることになった。この措置の目的は、命令に従うことを拒否するキリスト教徒たちを棄教させること、反体制的であらゆる災いのもととされる異物的存在である教会を解体没収することであった。じっさい、ペストが流行するたびに、また蛮族の侵略があるごとに、キリスト教徒たちにたいする迫害が激しさを増した。二五七〜二五八年にはウァレリアヌスが、三〇三年にはディオクレティアヌスが、帝国全土で同じ措置を繰り返し、大規模かつ全面的な迫害を敢行した。

デキウスの王令の目的は、殉教者を増やすことではなく、キリスト教徒を異教徒に戻すことであった。信仰否認、信仰放棄、信仰離脱が相次いだ。そのため、事態が鎮静化したのち、教会にひとつの問題が生じた。転んだ者たち、つまり棄教者たち（lapsi）をどうすべきか？　彼らをキリスト教共同体から追放すべきか、あるいはふたたび受け入れるべきか？　共同体ごとに意見が分かれ、一方は甘すぎると言い（棄教者を、長い悔悛の務めを課したうえで、ふたたび受け入れた者にたいして）、他方は厳しすぎると言い（棄教者をふたたび受け入れることを拒否した者にたいして）、互いに糾弾し合った。論争はさらに拡大する。謹厳な信者がいったん離教し、ふたたび教会に戻ろうとしたとき、再度洗礼を授ける必要があるかどうかという問題で、ローマ教会とアフリカ教会が対立したのである。[1]

二五四年、ローマ司教ステファヌスは、アフリカの司教たちにローマの規則を押しつけようとし、もし従わなければ両教会の共同体制を解消すると告げた。ステファヌスがそのように高圧的な態度に出たのも、使徒ペトロとパウロがローマで殉教を遂げたことから、ローマ教会には使徒的伝統を解釈する権威と独占権があり、歴代ローマ司教はそのスポークスマンなのだ、という理由からであった。しかし、カルタゴ司教キュプリアヌスはこうした見解をしりぞけ、ローマの主張を認めなかった。

（1）エジプト教会が再度洗礼を授ける必要があると主張したのにたいして、ローマ教会はその必要はないとする。

三一三年　ミラノ勅令はほんとうに出されたのか？

文献からうかがわれるだけで、失われている文書、いわゆる「ミラノ勅令」は、教会と帝国の関係の重要な転換点を示している。事実、西ローマ帝国のコンスタンティヌス、東ローマ帝国のリキニウス、この両皇帝は、教会にたいして同一行動を取ることで合意した。リキニウスは、ビチュニアとパレスチナに向けて、勅令を発した。ラクタンティウスとエウセビオスがそれを引用しているが、誤って「ミラノ勅令」と呼んだ。[1]ともあれ、この勅令は、信仰の自由を保障するとともに、キリスト教徒から没収した財産の返還を命じたものである。ただし、リキニウスは、すでにコンスタンティヌスが西ローマ帝国で認めた権利を、東ローマ帝国にも普及させたにすぎない。

コンスタンティヌスがキリスト教に回心したのは、三一二年の春から秋のあいだとされている。彼が洗礼を受けたのは、三三七年、死の床においてであったが、それは当時の習慣に従ってのことである。ともあれ、コンスタンティヌスは、三一一年にはすでに、教会を優遇する施策を始めるとともに、キリスト教徒の顧問官を宮廷に迎えている。

三二四年以降、帝国のキリスト教化が顕著になり始めたが、それが本格的に広まっていったのは、コンスタンティヌス朝後の四世紀の終わり、とりわけ五世紀になってからのことであった。政治感覚に優れたコンスタンティヌスは、帝国のキリスト教化というカードを切ることで、領土統一を推し進めるとともに、神に選ばれた皇帝という自己権威付けを図ったのである。こうしてキリスト教は、帝国の宗教となった。その後まもなく、異教信仰は、テオドシウス一世治下の三九一年から三九四年のあいだに出された一連の法令によって、公的な場で行うことが禁じられた。

(1) ラクタンティウス(二五〇頃～三一七頃)は北アフリカ生まれの神学者・著述家。エウセビオス(二六三頃～三三九)はギリシア教父、カエサレア司教、最初のキリスト教史である『教会史』を書いた。

三二五年　ニカイア公会議

「キリストは、まことの神から生まれたまことの神であり、造られたのではなく、生み出され、父と同じ本性を持つ」――これがニカイア公会議の決議であり、いわゆる「正統」キリスト教の信仰宣言である〈クレード〉に挿入されている。以来、ニカイア信条は、コンスタンティヌス朝ローマ帝国において、唯一正しいものとして認められた教義となった。三二五年五月二十日、およそ二百二十人の司教を集めて開催されたニカイア全教会公会議において、コンスタンティヌスは、彼が公認したばかりのキリスト教信仰の統一を図ることで、帝国の統一を維持しようとしたのである。ところで、カイサレアのエウセビオスによれば、教会の原初の統一性は、その後起きた数々の異端運動によって脅かされていた。なかでも、アリウス派（エジプトの司教アリウスの名に由来する）が、三一八～三二〇年頃から、もっとも深刻な脅威になり始めた。アリウスによれば、〈父〉のみが神である。それゆえ、〈子〉は〈父〉と同じ本質を持たず、〈父〉より劣る存在である。〈聖霊〉も同様に〈父〉より劣る。ニカイアの正統教義は、このように三位が序列化された独裁神論の神学を全面否定して、三位の三つのペルソナの同一本質を再確認し、それによってキリストの神性を明確に打ち出した。さもなければ、キリストによる贖罪は救済論的実効性を失うことになる。こうして異端は教理的に論駁され、やがて法的に瀆聖とされ（三八〇年）、さらには公犯罪とされ（三八一年）、ついには大逆罪となる（三八六年）。

　異端に照らしながら正統性を築き上げることによって、異端論駁者たちは、それまでなかった武器、つまりはニカイアで聖別された攻撃的護教論を手にすることになった。しかも、キリスト教正史は、二十世紀にいたるまで、この護教論にもとづいて書かれている。一九三四年、ヴァルター・バウアー[1]

は、その著作で、初期教会は多様な思想的潮流をはらんでおり、二世紀になると、のちに「異端」とされた諸セクトがじっさいには多数派を占めるようになり、「正統」グループは少数派でしかなかったことを明らかにしている。異端という概念が生まれたのは、ある意味において、全土の標準化、均一化を図るローマ帝国が、まだ混沌としてはいても統合に向かい始めていた初期教会に、法的にも強い影響を及ぼした結果である。

（1）ヴァルター・バウアー（一八七七～一九六〇）、ドイツの神学者、初期キリスト教研究者。

三八六年　ミラノの庭、アウグスティヌスの回心

若い頃の彼は、人生の享楽に溺れた。十九歳にして、キケロを読み、哲学に出会う。マニ教徒たち[1]と付き合い、アカデミックな懐疑主義者となり、プロティノス[2]のネオプラトニズムを知る。ミラノの司教アンブロシウスの知遇を得て、キリストの福音に親しみ、また母からも回心を勧められる。そしてついに、ミラノの庭での一件が起きる。ある声が聞こえてきた。その声は彼に聖書を手に取って読めと言う。聖書を開くと、聖パウロの一節が目にとまった。キリスト教への彼の回心は、完全かつ決定的であった。

この場面があったのは三八六年のことである。アウグスティヌスは三八七年に洗礼を受けている。『告白』第八巻にこの場面を書き記したとき（三九七～四〇一年のあいだとされる）には、すでに十二

年以上が経過していた。言うまでもなく、彼の回心はけっして刹那的ものではなかった。特筆すべきは、この場面が、ダマスコへの途上でのパウロのそれとともに（じつはこの場面も、いくつかの特徴をそこから借り受けている）、あらゆる回心の物語の模範となったことである。のちにアベラール[3]もまた、このモデルを借り受けている。ペトラルカも[4]、『わが秘密』において、アウグスティヌスにみずからを重ねている。とりわけフランス十七世紀は、アウグスティヌス流の告白、そしてアウグスティヌス的人間像にあふれている。パスカル、ラシーヌ、デカルト、ベリュル[5]、そしてアントワーヌ・アルノー[6]も、アウグスティヌスの精神を受容し、彼の遺産を再考し、彼の神学を踏襲している。ボードレール、クローデル、モーリヤック、そしてジュリアン・グリーン[7]さえも、アウグスティヌスの影響を受けていると言ってよい。アウグスティヌスは、およそ千五百年にわたって、ラテン西洋に、ひとつの世界像、ひとつのキリスト教の形を伝え続けたのである。

（1）ササン朝ペルシアのマニ（二一六〜二七六頃）が創始した二元論的宗教。
（2）プロティノス（二〇五頃〜二七〇）、エジプトの哲学者、ネオプラトニズムの祖とされる。万物（物質・霊魂）は無限の存在（善のイデア）である「一者」から流出したヌース（理性）の働きによるものであり（流出説）、人間は「一者」への愛であるエロースによって「一者」に回帰することができるとする。
（3）アベラール（アベラルドゥス）（一〇七九〜一一四二）、中世フランスの論理学者、神学者。「唯名論」哲学の創始者。弟子であるエロイーズとの恋愛でも名高い。
（4）ペトラルカ（一三〇四〜一三七四）、イタリアの詩人、人文主義者。
（5）ピエール・ド・ベリュル（一五七五〜一六二九）、枢機卿、政治家、文学者。フランス・オラトリオ会創始者。

(6)「一六五六年」の項(→一二〇頁)を参照されたい。

(7)クローデル、モーリヤック、ジュリアン・グリーンは、いずれも二十世紀フランスのカトリック作家。

四〇五年　ウルガタ聖書

「ウルガタ」すなわち vulgata editio(公認版)という言葉は、ようやく十三世紀に見られる。しかし、教皇ダマスス一世〔三〇五頃〜三八四〕が、ダルマチアで、彼の秘書であったストリドンのヒエロニムス(彼は vir trilingus すなわち三つの言語ができる男と言われ、具体的には、ラテン語、ギリシア語を完璧に使いこなし、また完璧とは言えないが、ヘブライ語、さらにはシリア語も知っていた)に、ラテン語訳聖書(当時一般に使われていたもので、のちに古ラテン語版(Vetus Latina)と呼ばれた)を改訂するよう依頼したのは、四世紀のことである。古ラテン語版は、ヘレニズム時代にさかのぼるギリシア語訳聖書(いわゆる七十人訳聖書)に基づくものであった。そこでヒエロニムスは、旧約(詩篇など)についてはヘブライ語、新約(四福音書)についてはギリシア語、つまり原典に基づく改訂を行うことにした。しかしこうした改訂にも満足できなかったヒエロニムスは、三八六年以来、旧約聖書のヘブライ語篇をみずから訳すことを決意する。そのため彼は、パレスチナのベツレヘムに行って住み、ユダヤ人の学者たちに会ったり、聖書理解を深めるべく、史跡を訪れたりした。彼の翻訳観は〈ヘブライ的真理〈veritas hebraica〉〉すなわちヘブライ語こそすべての言語の母であるという当時流行っていた考えに基づいていた。

ウルガタ聖書（テキストの大部分を占めるヘブライ語篇はヒエロニムス訳）は、西欧では中世を通じて使われ続けた聖書であり、一五三四年のトリエント公会議ではローマ教会公認聖書とされ、二十世紀にいたるまで（一九七〇年に「新約聖書」が先行し、一九七九年には新旧そろった形で、「新ウルガタ」が刊行された）、キリスト教会の典礼、聖書釈義、そして神学の典拠とされてきた。ウルガタ聖書は、あらゆる現代語訳聖書の出発点になったことも含めて、まさに西欧社会における文学的金字塔である。

四一〇年　ローマの略奪――悲劇か断絶か？

カエサレアのエウセビオスは、三二四年以降、キリスト一神教と帝国君主制を結びつけ、ローマ皇帝はこの世における神の祭司であるとして、人類の統一をもたらすという帝国の使命を理論づけたうえで、ローマの平和（Pax Romana）は神の摂理のしるしであると言明した。ところが、四一〇年、帝国を象徴する都市ローマがゴート族の襲撃を受けて陥落し、それによって、帝国の永遠性という理念も失墜した。もはや、教会の運命と地上国家のそれを結びつけたままでおくわけにはいかなくなった。アウグスティヌスが、『神の国』を書くことによって成し遂げようとしたのは、まさに両者を切り離すことであった。神の国は地上国家を超越するのであり、それだけが「終わりのない王国」なのである。

ローマ略奪という事件の衝撃は大きかったとはいえ、この四一〇年の悲劇は、歴史的に大きな区切りだったというわけではない。ローマ略奪という事態は、じつのところ、帝国内部で起きた反乱の結果であって、外敵の攻撃によるものではなかった。というのも、ゴート族は、すでにこの事件の三十年ほどまえから、不平等条約だったとはいえ、相互平和協定（foedus）によって帝国内に住むことが許されていたのだ。とりわけ心理的衝撃が大きかったために、事件の重大さが同時代人によって誇張されたきらいがあり、今日、その影響の大きさを割引きして考える必要がある。根本的な問題はむしろ、この事件が明らかにした地政学上の断絶であろう。ローマ略奪という事態をまえにして、帝国のギリシア人たちはおおかた無関心なままであった。西方と東方、キリスト教会のふたつの顔の違いが、すでに表れ始めていた。

四〇〇～四一〇年　レランス島の修道院

レリーナ（Lerina）、「蛇がうようよいる」島[1]に、オノラ[2]は、年老いたカプレを伴い、フレジュス司教の庇護のもと、隠修生活を送るべくやって来た。四〇〇～四一〇年のあいだに、彼らを追って、弟子たちもやって来た。ついに小さな共住修道士コミュニティを創設することになったのだ。修道規則（「四人の教父たちの規則」と呼ばれる）が作成されたが、それはオノラが、四二六年、アルル司教に就任すべくこの島を離れたあとだったようだ。オノラ個人のカリスマ性、修道規則、家族的な人間関係、これら三つの威光によって、この修道院は、奇跡があったわけでもなく、聖人の墓があるわけでもなく、巡礼地でもなく、何かのゆかりの地でもないにもかかわらず、霊的、精神的、知的、社会的、いずれの面においても、ほかのどこにも見られないほどに、人を惹きつけてやまない場所となった。

島という環境の特異さが、この修道院の霊的および教会的特異性にみごとに照応していた。アウグスティヌスが都市としての修道院像を形成したとすれば、リヨンのエウケリウス〔三七〇～四四九〕は、レランス修道院のマニフェストともいうべき「砂漠礼賛」において、〈聖書的砂漠〉、つまりは神との特権的出会いの場としての修道院のあり方を強調している。別の言い方をすれば、それは聖性についての特異な概念、数世紀を経るうちに、清浄な島から聖別された島へと昇格していった場所に深く結びついた聖性というべきものであった。ところが、島の教会に箔をつけるような伝統は皆無であったから、まったくのゼロから出発しなければならなかったのだ。そもそも島とは、古代文化においては、島流しの地、流刑の地としか思われていなかった。ちなみに、パトモス島[3]は使徒ヨハネの流刑の地であった。このマイナスのイメージをひっくり返して、徳高い修道士を迎え入れる隠修の地、魂の救済の地に作り替えなければならなかった。かくして、この島全体がしだいに教会（Ecclesia）に同化していき、やがて島＝教会というイメージが浮かび上がってくる。レランス島の特異性が、独自の道をたどって、西欧の霊的伝統における異型の教会像を作り上げたのである。

（1）今日のレランス島。フランスの地中海、カンヌの沖合にある島。

（2）アルルのオノラ（三七五頃〜四三〇）、レランス修道院創設者、アルル司教。
（3）トルコ沿岸部に近いエーゲ海に浮かぶ小島。

四九六年　この年、レミはクロヴィスに洗礼を授けたわけではない

クロヴィスが洗礼を受けたのは西暦何年か、いくつかの年が候補に挙がっているが、そのうちでどう考えてもあり得ないとされているのが四九六年である。ところが皮肉なことに、一九九六年、その千五百年記念が祝われたのである。

クロヴィスは、キリスト教徒となるべき最後のフランク王であったが、アリウス教義ではなく、最初からニカイア信条に基づく教えを受け入れた。つまり、異教から、アリウス主義を経ずして、ただちに正統信仰に至ったところに、クロヴィスの特異性がある。こうした回心によって、彼は西方キリスト教が正統信仰に復帰するための道具になったのである。要するに彼は、アリウス派と戦うべく、ガロ＝ロマン[1]のエリート（司教たち）およびフランク族のエリートたちと手を結んだのだ。彼には地政学的な理由があったし、司教たちには正統信仰をさらに広めたいという意図があった。クロヴィスの受洗は、政治と宗教というふたつの社会、ふたつの権益の融合の象徴であった。「あなたの信仰はわたしたちの勝利です」――ブルグンド王国[2]のヴィエンヌ司教アヴィ（アヴィトゥス）は言明している。

クロヴィスが洗礼を受けたのはいつか（四九六年、四九八年、四九九年、五〇六年、五〇八年などの説

がある)、過去一世紀以上にもわたって、終わりのない修史論争が続いており、「それ自体が歴史的考察の対象となっている」(B・デュメジル)。トゥールのグレゴワール(グレゴリウス)の年代記の記述は、歴史的というよりもイデオロギー的で、信用できない。彼にとって唯一重要なのは、カエサレアのエウセビオスにならって、クロヴィスをコンスタンティヌスになぞらえることであった。トルビアックの戦い(3)でのクロヴィスの回心は、ミルウィウス橋の戦いでのコンスタンティヌスのそれの忠実な再現なのである。洗礼を授けた司教レミ(レミギウス)はシルウェステル一世の再来である。女性が果たした役割にも相同性が見られる。コンスタンティヌスの回心には母ヘレナの強い働きかけがあったように、クロヴィスのそれには后クロティルドの熱心な勧めがあった。両王とも、選ばれた民の頭として、侵略戦争ではなく、解放戦争を行った。クロヴィスは、「新コンスタンティヌス」として、つまりは西ローマ帝国の継承者として、アリウス主義の根城であるアラリック二世の領土を解放するという名目で、アキテーヌ王国に侵攻し、併合することができたのである。じっさい、彼はアキテーヌ地方(4)の司教たちに解放者として迎えられた。それから半世紀も経たない五四〇年には、アリウス主義は西ヨーロッパから消え去り、スペインだけがアリウス派としてとどまった。

神から選ばれたフランク族という言説の構築は容易ではなく、その後も延々と続く。フレデゲール(六四三年)からランスのインクマール(八七八年頃)にいたる年代記作者は、ただの洗礼式であったものを聖別(戴冠)式であったとする重大な修史的歪曲を行ったが、それも初期年代記作者たちのやり口を踏襲したまでのことである。単なる洗礼が、聖油のもつ典礼的象徴性を介して、聖別、さらには戴冠になったのである。聖レミの『生涯』には、聖霊の象徴である白鳩が聖油の入った小瓶を運んでくるエピソードが語られている。もともと洗礼志願者に洗礼に先立って聖油を塗ることであった塗油の儀式の典礼的意味が拡大解釈されたのだ。それ以来、ランスの司教座教会は、王権神授と選ばれた民であるフランス王国の神秘的起源という言説を築き上げ、それを独占することによって、フランス王家と強く結びついた。

かくしてランスは、最初の洗礼＝戴冠式の最初の舞台となり、また奇跡の聖油の保管場所ともなったのである。

（1）紀元前三世紀末から紀元五世紀後半までのローマによるガリア（現在のフランス）支配の時代を言う。
（2）ローヌ河領域に五世紀から六世紀にかけて存在したゲルマン系ブルグンド人の国。
（3）クロヴィスは、四九六年から四九七年にかけて、トルビアック（ライン流域地方）でアレマン人（ゲルマン人の部族連合）との戦いに勝利した直後に、キリスト教に改宗したとされる。
（4）現在のフランスの西南部の地方。

五五〇年頃　ヌルシアのベネディクトゥスの戒律

「西洋修道士の父」とされるヌルシアのベネディクトゥスは、五二九年頃、カッシーノ山に赴いた。その後、志を同じくする者たちが加わったことで、使徒たちにならって、世間のしがらみを断った生活を送ることを選んだ〈兄弟たち〉の生活様式を定めることにした。五五〇年頃、ベネディクトゥスは『戒律』――のちに『聖ベネディクトの戒律』と呼ばれる――を起草したが、この文書は、イタリア、ガリア、イギリスなど西欧の修道院制度の基本原則となり、さらには数世紀にわたり、ラテン西洋のあらゆる修道院において、唯一の典拠テキストとして重きをなしてきた。

修道院が自給自足と手仕事を旨とする経済生活単位であることから、『戒律』は一日の時間を三つの活動に配分する。まずは祈りで、集団の祈りと個人の祈りがある。つぎに労働で、手仕事あるいは写本。最後に聖なる読書（lectio divina）、すなわち聖書についての黙想。『戒律』は、謙遜と従順によって、完徳への道を歩ませるためのものであり、さらに清貧と純潔によって、修道誓願を全うさせる。しかしベネディクト会のカリスマ性は、何よりも祈りの典礼にある。修道士たちの日課は祈禱席での聖務、つまり「神の業（Opus Dei）」によって区切られる。「神の業」は三時間ごとに神を賛美する祈りで、毎日変わらず行われる。すなわち、暁課、朝課、一時課、三時課、六時課、九時課、晩課、終課である。

五八七年　西ゴート王レカレドの改宗

アリウス派スペインにビザンチン（東ローマ帝国）の軍隊が侵攻した結果、西ゴート王国は、政治的にも、宗教的にも、国内統一をかつてなく必要としていた。先王レオビギルドは王国をアリウス主義に統一することに失敗したが、息子のレカレドは、逆にニカイア派カトリックに統一することに成功した。五八六年末、トレドで、アリウス派司祭とニカイア派司祭が一堂に会した。案の定、神学的問題で議論が紛糾し、それぞれの司教団の奇跡力の有無で論争の決着をつけることになった。アリウス派司教は誰ひとり治癒の奇跡力を発揮できなかったことから、王はニカイア派カトリックの正統性を認めた。彼はニカイア信条の三位一体への信仰を表明し、アリウス主義をしりぞけ、ニカイア派司教から聖なる塗油を受けた。それでも最初の頃は、これまで通り、アリウス主義も合法宗教（religio licita）とされていた。レカレドは、父と違って、独裁的統一を断念したのだ。改宗の強制も、資産の没収も、いっさいなく、単にニカイア派キリスト教が優遇されただけであった。しかし、五八六年から五八九年に反乱が相次いだこと、さらにはビザンチンの軍隊がふたたび侵攻したことを受けて、第三回トレド公会議が開かれ、「帝国の例にならって（imitatio imperii）」、つまりは偉大なコンスタンティヌスにならって、ニカイア派カトリックを国教とすることが宣言された。それは、西ゴート王国の過去二世紀に及ぶ歴史との決別であった。七世紀初頭には、アリウス主義は完全に姿を消した。

五九七年　アウグスティヌス——イギリスへの伝道者、カンタベリー初代司教

五九七年、アウグスティヌス[1]が、ふたりのフランク人通訳と四十人の宣教師を伴って、ケント州のサネット島に上陸したとき、当時はまだ、異教信仰が根強く、キリスト教の布教活動が禁じられていたにもかかわらず、ケント王エセルベルトは彼をかなり好意的に迎え入れた。王は彼に言った。「あ

なたが熱心に説教して、どれほど多くの信者を獲得しようと、われわれはそれを禁じない。」王は、アウグスティヌスの率いる小さな一行に宿舎と食事を提供したうえ、財政的な援助も与えた。アウグスティヌスはカンタベリーを布教活動の拠点とし、カンタベリー初代司教となったほか、六〇四年にはロンドンとロチェスターにも司教区を設けた。王は洗礼を受けた。かくして、ケントでの伝道活動を手始めに、グレートブリテン島およびその他のアングロサクソン系王国でのキリスト教化が一挙に進んだのである。

この伝道活動は、ローマの指示、より正確には大グレゴリウス[2]の指示のもとに行われた。つまりこの伝道活動には、ロンバルト人[3]をはじめとする異教民族の改宗に努めていた教皇グレゴリウス一世が個人的に深くかかわっていたのだ。彼は、イギリスに福音を伝えるべく、ローマにみずから創設したサンタンドレア修道院の院長を務めていたアウグスティヌスを指名したのである。こうした伝道活動からうかがえるのは、ローマ教皇庁において、それまで異教の民を考慮に入れていなかった救済史の概念が大きく変わったということである。教皇庁は、ローマ帝国とキリスト教は一体ではないという考えのもとに、新たに伝道活動を始めたのだ。司教は権力者を精神的に導かねばならず、権力者は、臣民にたいして、定められた行動準則に従うよう義務づけねばならない。

（1）カンタベリーのアウグスティヌスと言われる。ベネディクト会修道士、六〇四年頃没。
（2）教皇グレゴリウス一世のこと。
（3）六世紀後半、イタリア半島の大半を支配する王国を築いたゲルマン系部族。ランゴバルト人とも言う。

六三八年　アラブ人によるエルサレム占領、イスラムの挑戦

六三八年、アラブ人によってエルサレムが占領された。ムハンマド昇天の地を記念してアブドゥルマリクが岩のドームを、またアル＝ワリードがアル＝アクサー・モスクを、それぞれ建造したことによって、初期教会の中心地であったエルサレムは、イスラムの第三の聖都となったのである。キリスト教徒は、ユダヤ教徒とともに、「啓典の民」[1]とされ、一連の権利と「ズィンミー」（ムスリム国家における非ムスリム庇護民）という身分を保証された。

アラブ人によるエルサレム占領という重大事件の意味を、キリスト教共同体は、聖書の歴史概念を通して読み解こうとした。曰く、罪を犯した民に神が下した罰である、あるいは最後の審判の前兆である。あるいは、旧約聖書の「ダニエル書」に見られるいくつかの預言、とりわけ四つの帝国[2]の勃興についての記述から、歴史を黙示録的に読み解く試みもあった。さらには、ムハンマドを終末を予告するアンチキリストだとする解釈も見られた。

（1）同じ聖書を経典とする民という意味。
（2）バビロン、ペルシア、ギリシア、そしてローマ。

八〇〇年頃　西欧がキリスト教世界を発明した

「キリスト教世界」という語〔フランス語では chrétienté、ラテン語では christianitas〕は、もともと、キ

リストの弟子たちの共同体に属することを意味していた。中世初期には、しだいにキリスト教が及んでいる地理的範囲を指すようになったが、まだはっきりした領土的な意味合いはなかった。この語のユートピア的普遍性が失われたのは九世紀からのことで、東方（東方キリスト教およびギリシア圏地域）に対抗し、さらには東や北の異民族、南のイスラムに対抗して、みずからのアイデンティティを確立すべく、地政学的な意味を持つようになったのである。聖人たちの地理、つまり聖地の分布図という形で、「キリスト教世界」という語が領土的な意味合いで使われている最初の例は、シャルルマーニュの側近のひとりアンジルベール(1)の手になる文書においてである。じっさい、聖人の名を冠した土地には、彼らの出身地（ローマ、エルサレム、パレスチナなど）から続々と聖遺物がもたらされ、それらの土地が聖人たちのゆかりの地とされたが、その分布範囲が「キリスト教世界」と呼ばれるようになったのである。だが、この語がもっぱら地政学的意味で使われるようになった第二の要因はイスラムである。

八七〇年代になると、歴代の教皇は、その頃から地中海の西欧海岸をたびたび襲うようになったサラセン軍からキリスト教世界を守るよう、しきりにキリスト教国の君主たちに訴えるようになった。この意味において、キリスト教世界とは、そもそもの初めから、ローマ帝国という〈原国家〉の領土を守る必要性と、人が住むあらゆる土地のすべての人間を改宗させることを使命とする伝道宗教であるキリスト教を地球の果てまで広げるという義務を併せ持つ教皇庁特有の概念であった。

（1）アンジルベール（七四〇頃～八一四）、外交官、詩人。

八三〇年　ザンクトガレン平面図、理想の修道院

八〇二年から八二三年までバーゼル司教を務め、当時はボーデン湖畔のライヒェナウ修道院長であったハイト(1)は、ザンクトガレン修道院長ゴズベルト（在職八一五～八三七）の求めに応じて、修道院の平面図を描いた。この平面図は、エクス＝ラ＝シャペル公会議（八一六～八一七）で定められ、ルイ敬虔王（ルートヴィヒ一世）の政治顧問をしていたアニアヌのベネディクトゥス(2)が西欧で初めて実施した修道院改革の理想にしたがって描かれたものである。五枚の羊皮紙を縫い合わせたこの図面は、ザンクトガレン修道院図書館に保存されているが（整理番号一〇九二）、理想の修道院が赤線で描き出されている。それはさながら、通りで互いに隔てられた独立家屋からなるひとつの町のようである。パン焼き場、製粉所、厩舎、ビール醸造所、診療所、調理場、工房、そしてもちろん、中央には教会堂と修道院（禁域）がある。それは壁で囲われた都市であり、修道士たちはそこから一歩も外に出ず、彼らの日常生活をなす宗教的、経済的、社会的活動のすべてを彼ら自身で組織運営し、いわば自給自足生活を送る。全体はそれぞれに分離した三十三のブロックからなる。ピエ(3)という長さ単位が建築の基礎になっているが、その建築を支配しているのは三、四、六、あるいは十二という数字で、使徒たちの数、福音書記者の数、聖書にちなむその他の事項の数を象徴している。要するにこの平面図は、カロリング朝時代の修道院改革の理想を忠実に体現したものなのである。

教皇による改革（グレゴリウス改革と呼ばれる）が司祭の独身をより厳密に規定した際（一〇五九年）、修道士たちは聖処女マリアにならう「純潔な人」とされた。こうして修道士たちは、正統的な司牧者

不足に悩む教皇庁にとって、聖職者の模範となり、また規範ともなった。

（1）ハイト（七四〇～八一四）、ヘイト、ハットン、あるいはヴァルド、ヴァルトとも言われる。
（2）アニアヌのベネディクトゥス（七五〇頃～八二一）、西ゴート族出身の貴族、修道院改革に尽力した。
（3）一ピエは約三二・四センチ。

八六一年　キュリロスとメトディオスによるスラブ人改宗

七九六年、シャルルマーニュの攻撃を受け、アヴァール人[1]が敗退して以来、スラブおよびスカンジナビアの諸民族にたいする布教活動が本格的に始まった。九世紀はスラブ諸国向けの一大伝道世紀であり、紀元一千年には、中央ヨーロッパはすでにキリスト教化されていた。

九世紀において、スラブ諸国のなかでもっとも大国だったのは〈大モラヴィア〉王国である。そのため、東西両ローマ帝国がこの国のキリスト教化を狙っていた。ローマからは、パッサウのバイエルン司教の率いる大規模な使節団が派遣されたが、伝道にはもっぱらラテン語が使用された。ところが当時、モラヴィア王国の君主ラスチスラフ（在位八四六～八六九）は、国の教会独立を図り、むしろ目を東方に向けていた。そこで東ローマ帝国から、もうひとつ別の使節団がモラヴィアに派遣された[2]。その使節団を率いたのは、ギリシア語を母語とするテッサロニキ出身のふたりの伝道師キュリロスとメトディオスである。当然ながら、両使節団のあいだで衝突や論争が絶えなかった。両者の優劣を決したのは、東方のキュリロスとメトディオスが、民衆をキリスト教に改宗させる決め手は典礼と聖書の土着言語化であることをよく認識していたことである。事実、モラヴィア王国が新宗教に改宗することを受け入れた最大の要因は、ローマ典礼がグラゴル文字（キリル文字の祖型）を用いて翻訳されたことであった。すると、ローマでは大論争が起きた——聖なる三つの言語（ラテン語、ギリシア語、ヘブライ語）以外の言語で神を讃えることができるのか？

宗教を変えることは、いつの時代であれ、共同体の生活、風習、神話、文化活動、世界観が大きく変わることを意味するが、同時にまた、その共同体のアイデンティティを再定義することでもある。一国の改宗とはいわば公的な洗礼であり、それには、君主の決定だけではなく、とりわけ社会的エリートから下層階級にいたる民衆の同意が必要である。しかもそれは、キリスト教化の長く緩慢なプロセスの出発点でしかないのだ。

こうした改宗は、キリスト教化としては底の浅いものだったとしても、その政治的なインパクトは大きかった。じっさい、キリスト教への改宗と新興国のあいつぐ誕生のあいだには密接な関係がある。洗礼を受け入れることが、これらの新興国における国民意識の高まりをもたらしたと言えよう。

（1）五世紀から九世紀にかけて中央アジアや中央・東ヨーロッパで活動していた遊牧民族。
（2）キュリロス（八二七〜八六九）、宣教師、神学者。「スラブ人の使徒」と呼ばれる。メトディオスは彼の兄。

九〇九ないし九一〇年　クリュニー修道院の創設

九〇九ないし九一〇年（創設時期に関して相異なるデータが残されている）、ギヨーム・ダキテーヌ（三代目のアキテーヌ公であり、マコン伯でもある）は、ベネディクト会修道院を創設するため、マコン近くの荘園（villa）を寄進した。この修道院は使徒ペトロとパウロの名を冠しているが、それは教皇庁の直接庇護下に置くことを意味している。かくしてクリュニー修道院は、教会裁治権（司教）からも、また世俗裁治権（領主）からも、それぞれ独立した修道院制度の起源となった。

クリュニー修道会の強みは、多くの名高い大修道院を擁するとともに、九九八年に公布され、さらに一〇二四年に適応範囲が広げられた免属[1]という特権を享受していることにあり、それによって、この修道院は、キリスト教世界全体に広がる修道院網（大修道院および小修道院）の頂点に立つことになった。それはまさに〈クリュニー教会（Ecclesia cluniacensis）〉と言うべき組織であった。ラン司教アダルベロン[2]は、『ロベール王に捧げる歌』（一〇二五年頃）で、この修道会を君主国家に喩えている。この修道会の頂点に立つクリュニー大修道院長は、教皇に次いで、キリスト教界第二の要人であった。

クリュニー修道会は、修道士と司教との競合関係において、修道士の優越性を強く打ち出し、修道士は、人類の頂点、精神的エリート、この世における純潔そのものであるとしている。クリュニーの禁域は天国の予示であり、修道士たちは、西方キリスト教世界で最大規模の付属聖堂（ユーグ・ド・スミュール[3]の院長時代に建造）で、日に七度、共唱する祈りによって、天使たちと親しく交わるのである。聖堂内陣の祈りの多くは、生者と死者の魂を神にとりなすためのものであった。またそこで行われる典礼は、故人を追悼するものに特化していった。封建社会の特権階級出身のクリュニー修道士たちは、階級的生活秩序を守り続けた。彼らは自分たちをキリストの軍隊（militia Christi）と呼び、俗世で戦う騎士たちの向こうを張って、霊的騎士を自負したのである。こうしたクリュニー精神は、十一および十二世紀に始まる教会の大改革の基調となった。

（1）教区司教の裁治権に属することを教皇が免除すること。
（2）ランのアダルベロン（九四七～一〇三〇）、ラン司教。
（3）ユーグ・ド・スミュール（一〇二四～一一〇九）、六代目のクリュニー大修道院長。

九六三年　アトス山の大ラヴラ修道院の創設

マケドニアのカルキディケー（ハルキディキ）半島からさらに突き出たアクテ半島の先端に位置し、標高二千メートルほどの聖なる山、アトス山は修道士たちが瞑想するのに最適の地である。アトスのアサナシオス（トレビゾンドのアサナシオスとも呼ばれ、西暦一〇〇〇年頃に亡くなった）はビザンチンの修道士で、隠修道士（完全な孤独生活を送る僧）になりたいと願っていたが、親友であった皇帝ニケフォロス二世フォカスの命を受けて、この山にひとつの修道院を建てることになった。それが、やがてひとつの政治形態をなし修道院共和国というべきものになったアトス山の長い歴史の始まりである。アサナシオスは、大ラヴラ（修道士たちが隠遁生活を送る修道院）を創設するべく、周囲にあったスキテ（主修道院の管理下に置かれた隠者の庵）を併合し、そのヘグメノス（修道院長）となった。彼はティピコン（修道規則）を編纂したうえ、みずからも修道院建設にたずさわった。

アトス山の霊性を特徴づける神秘主義は、シナイ山とタボール山[1]の象徴体系を継承していることにもあるが、東方修道院の観想的伝統にも由来する。しかもその神秘主義は、逆境や試練（トルコ軍の脅威、カタルーニャ人傭兵による蹂躙、さまざまな略奪、ローマ教会への帰属を迫るミカエル八世パレオロゴスの迫害[2]……）によって鍛え上げられ、そうしたなかから、ひとつの偉大な神秘主義運動が生まれた。ヘシュカスム（hesychia「静寂」）と呼ばれる修行方法で、呼吸や脈拍のリズムに合わせ、持続的に繰り返される祈りを基調にしている。聖なる山アトス山は、東方キリスト教世界の霊的生活において、第一の地位を占めている。

（1）シナイ山は、シナイ半島にある山で、モーセが神から十戒を授かったとされる場所。ホレブ山とも呼ばれる。タボール山はガリラヤ湖近くにある山で、イエス・キリストの「山上の変容」の場所であったという伝説がある。

（2）ミカエル八世（一二二五〜一二八二）、東ローマ皇帝、ローマ教皇に東西教会の合同の話をもちかける。

一〇〇〇年　オーリヤックのジェルベール、紀元千年の教皇

ジェルベール（ゲルベルトゥス）は下層階級の出であったが、早くから学者になった。哲学者であり、天文学を愛し、アラブの学問にもよく通じていたが、数学者でもあり、アラビア数字を西欧に

導入した。最初、オーリヤックのサン＝ジェロー大修道院に属するベネディクト会修道士であったが、やがて、西欧における教育の最初の中心地のひとつ、ランス司教座聖堂付属学校長となり、さらにボッビオ修道院長、ランスおよびラヴェンナの大司教を歴任、そしてついにシルウェステル二世として教皇になった（在位九九九〜一〇〇三）。彼は若き皇帝オットー三世と近い関係にあった。皇帝は、神秘主義者であり、シャルルマーニュの礼賛者でもあり、ローマ帝国の理念にとりつかれていた。皇帝の印璽に刻まれていた「帝国の再建（renovatio imperii）」という構想は、ふたりの関係によって説明されるだろうし、それはシルウェステルという教皇名からもうかがえる。オットー三世とシルウェステル二世のコンビは、キリスト教ローマ帝国誕生時のオリジナル・コンビ、すなわち皇帝コンスタンティヌスと教皇シルウェステルのそれの再現なのである。紀元千年の教皇は、やはり紀元千年の皇帝と密接な協力関係を築き、ヨーロッパのさらなるキリスト教化を図り、スラブ諸国まで布教範囲を広げる政策を推し進め、ハンガリー教会とポーランド教会を設立した。フランス出身の初めての教皇であるジェルベールは、とりわけ、当代最高の教養人とされていた。今日、「学問と信仰の統合」のモデルとして、彼がふたたび脚光を浴びているのも、それゆえである。教皇ヨハネ＝パウロ二世は、ジェルベールの千年忌に当たる二〇〇三年、第二の千年を切り開いた学者教皇として、彼を讃えた。第三の千年のはじめに当たって、ポーランド出身の教皇は、シルウェステル二世の後継者として自分を位置づけ、みずからもまた知的な教皇たらんとしたのである。

一〇三三年　ラウル・グラベール、時の終わりと世界の再生のあいだで

ラウル・グラベールは不安に満ちた修道士である。彼は、五巻に及ぶ『歴史』[1]を、一〇三一年に書き始め、一〇四七年頃に書き終えた。この書を支配している歴史観は終末論的である。西暦一〇三三年は、キリストの死と復活からちょうど千年になり、「黙示録」の釈義からすれば、時の終わりと解釈することもできた。彼が語っているさまざまな「恐怖」が至福千年説の神話を作り出したのであり、また十四世紀からミシュレ[2]にいたる歴史家たちも、千年説信仰や「紀元千年の恐怖」(それは中世的幻想の典型である)について、好んで語っている。とはいえ、彼が歴史書を書いた目的は、単に時の終わりの恐れや不安について語ることではなかった。そもそも彼は、「黙示録」の千年説解釈について詳しく述べつつも、アウグスティヌス以来の数多くの聖書注解者たちの言説もしっかり取り上げている。革新的なよきクリュニー修道士として、グラベールは、一方では世界の混乱と崩壊のしるしを探りながらも、他方では世界の再生や刷新のきざしにも言及している。たとえば、聖人たちの聖遺物がつぎつぎに発見されていることや、教会の建築工事があちこちで見られ、教会の「白いドレス」が大地を覆い始めていることなど。

(1)正確には『フランスとブルゴーニュの歴史』全五巻。著者ラウル・グラベール(九八五～一〇四七)はブルゴーニュの修道士、年代記者。
(2)ジュール・ミシュレ(一七九八～一八七四)、民衆に焦点を当てた十九世紀フランスの歴史家。

一〇五四年　東西教会の分離という神話

一〇五四年、枢機卿モワヤンムティエのアンベール（ミッテルミュンスターのフンベルト）とコンスタンティノープル総主教ミハイル一世キルラリオスは、互いに破門し合った。みずから先頭に立って東方教会（ギリシア＝ビザンチンないしギリシア正教）の独立性を守ろうとする総主教は、ラテン教会の典礼習慣を告発する。ミサに種なしパン（無酵母のパン）を使うこと、土曜の斎日に血を抜いていない肉を食べること（ユダヤ教徒的な習慣である）、四旬節にアレルヤ唱を唱えないこと、〈クレード〉の文句に「……と子から（Filioque）」という語（西方教会独特の神学的主張で、聖霊は父「と子から」発するとされる）を挿入して改変したこと。だが、じっさいには何が起こったのか？

九世紀以来、ラテン・キリスト教とギリシア・キリスト教の違いはますます大きくなるばかりであった。両者の隔たりは、何よりもまず、言語の隔たりであり、それが典礼や釈義の違いとなって現れ、東方と西方相互の無理解や誤解の原因となった。修道院の概念も根本的に異なる。東方はアトス山のバジリウス修道会が中心だが、それぞれの共同体が独立性を保っているのにたいして、西方はクリュニー型の改革ベネディクト修道会を頂点とし、それに従属する形で修道院網が築かれている。政治的にも、教皇庁とビザンツ皇帝は、それぞれの敵（ビザンツ帝国にとってはノルマン人たち、教皇庁にとってはムスリムとゲルマン帝国）にたいして、共同戦線を張るにはいたらなかった。

一〇五二年から一〇五三年頃、ミハイル一世キルラリオスは、「ラテン人の過ち」を糾弾する文書を認可した。それにたいして教皇は、ローマに首位権があることを主張して、応戦した。ローマの使節がコンスタンティノープルに赴き、恥ずべき行為に及んだ。総主教とその支持者たちを破門とする教皇の勅令を、教皇使節たちがハギア・ソフィア大聖堂の祭壇に置いたのである。その仕返しとして、総主教も相手の破門を宣告した。

ところが、当時、両教会の「分離」という言葉を口にした者はいなかった。この言葉と日付は宗教史のあらゆる概説書に記載されているのだが、いかなる原資料もそれについて語っていないし、この事件は当時気づかれないままだった。両教会の分裂がじっさいに起こったのは、一二〇四年、第四次十字軍が進路を変更し、ラテン十字軍兵士たちがコンスタンティノープルを襲い、町を荒らし回ったときのことである。それによって、ふたつのキリスト教世界相互の憎しみは取り返しのつかないものとなった。その時以来、西方の修史家たちは、一〇五四年の小さな事件に着目し、それを誇張して、一二〇四年の十字軍兵士たちの略奪行為というけっして正当化できない事件を正当化しようとし続けたのである。

一〇九五年　クレルモンでのウルバヌス二世の訴え、十字軍の始まり

一〇九五年十一月二十七日、クレルモン公会議が閉幕した。それは〈神の平和〉を議題とした最後の、しかももっとも名高い公会議である。当時、荒くれる騎士階級の横暴を抑えるべく、「神の平和と休戦」を推し進めることが緊急課題であった。クリュニー出身の教皇ウルバヌス二世は、同公会議

で、その〈平和〉をキリスト教世界全体に押し広げ、東西の教会の協調と和合を回復すべく、熱弁をふるい、エルサレム巡礼こそこの企てを実現するためのもっとも効果的な方法であると述べた。クレルモン公会議を締めくくる閉会説教において、教皇は、騎士たちが暴力や不正を働いていることを厳しく糾弾したうえで、その償いとして、また彼らのありあまるエネルギーのはけ口として、東方の地で不信心者たちの犠牲になっているギリシアの友人たちを守るために、またトルコ人たちの手に落ちたエルサレムの聖墳墓教会(1)を奪還するために、彼らの力をうまく活用すべきことを会衆に訴えた。かくして、十字軍兵士が「キリストの戦士たち（milites Christi）」となったのである。

この新たな企ては昔から続いている巡礼の一環とされ、ウルバヌス二世は、十字軍に参加する者には免償を与えることを、つまりは告白した罪を赦免することを、約束した。そのため、第一回十字軍の参加者は三万から七万の数に達した。

十字軍も巡礼であるとはいえ、通常の巡礼ではもちろんない。それは究極の巡礼であった。十字軍兵士たちの夢は、エルサレムのキリストの墓のそばで死ぬことであった。そもそも十字軍とは、約束の地に向かって進む新たなイスラエルなのである。十字軍兵士たちは、十字架を担うキリストにあやかって、肩に小さな布製の十字架を縫い付けた。十字軍の歴史とは、聖なる歴史、紅海を渡る歴史、出エジプトの歴史である。西欧人たちの魂の奥底には、終末論的雰囲気に満ちた十字軍への衝動が潜んでいる。

（1）エルサレム旧市街のキリストの墓があったとされる場所に建てられた教会。

一一一三年　ロムアルドがトスカナの地に設立したカマルドリ修道会

トスカナ地方の都市アレッツォの北に、ラヴェンナのロムアルド（一〇二七年没）は、隠修道士の共同体であるカマルドリ修道院と共住修道士の共同体であるフォンテブオノ修道院を設立した。だが、教皇パスカリス二世によって正式に認可されたのはようやく一一一三年のことである。カマルドリ修道会は、徐々にイタリア全土に広がり、領主のような権力と広大な所領を獲得していった。同修道会は都市にも進出し、多くの修道院施設が都市部に建設された。この傾向はもはや変えようがなかった。カマルドリ精神は、相変わらず、聖ベネディクトの戒律を厳密に守って生活することにあったとしても、隠修道士たちと共住修道士たちとのあいだで反目が生じた。しかも、「都市移住（inurbamento）運動」（修道士たちが都市部に移る運動）の影響もあって、共住修道士たちの勢力が強くなり、創立当初は主流を占めていた隠修道士たちは少数派になってしまった。そのため、修道会としてのアイデンティティが薄れてきたことは否めない。こうして、都市部に多くの修道院施設が進出し、世間からの隠遁を旨とする修道会の性格が大きく変わったことから、巷に修道士を見かけることがキリスト教都市の風俗的要素のひとつとなった。

一一一五年　シトー会修道士ベルナルドゥス

ベルナルドゥス（ベルナール）は一〇九〇年に生まれたが、その数年後に、モレームのロベールがシトー会の礎を築いた（一〇九八年）。ベルナルドゥスがシトー会に入ったのは一一一三年のことである。それから二年後の一一一五年、彼は、シトー会の三番目の〈娘〉クレルヴォー修道院の初代院長となった。一一二五年、『サン＝ティエリ修道院長ギヨームへの弁明』において、シトー会的清貧のあり方を簡潔に述べている。ベルナルドゥスはシトー会の創設者ではないが、その卓越したカリスマ性、文章の優雅さ、辛辣な表現によって、シトー会一門に活力と光輝をもたらした。シトー会が飛躍を遂げ、当時の教会に、また十二世紀の教会改革の理念に、そしてもちろん修道院制度全般に、絶大な影響力を持ったのは、ひとえにベルナルドゥスのおかげである。

一一三〇年代、クレルヴォーのベルナルドゥスは八面六臂の働きだった。まず『新しい騎士たちへの賛辞』を書いた。サンス公会議（一一四〇年あるいは一一四一年）でアベラール（アベラルドゥス）と論争した。ラングドックの異端者たちと戦った（一一四五年）。ヴェズレーで第二回十字軍派遣を説き勧めた（一一四六）。ただし、その失敗は彼の心に大きな衝撃を与えた。ベルナルドゥスは、教皇には同僚にたいするように、王たちには息子にたいするように、それぞれ振る舞うことで、当時の政治の中枢をリードした。世俗の要人たちに助言を与え、場合によっては、遠慮なくしかりつけた。ベルナルドゥスは西欧の改革の声たらんとした。彼はまさに西欧の良心であった。

一一五三年に没し、一一七四年に列聖された。死後、彼の言葉はいたるところで引用され、さらには孫引きされてきた。彼の最後の著作で、シトー会修道士でのちに教皇エウゲニウス三世となった弟子のベルナルドのために執筆された『熟慮について』を、ボナヴェントゥラ(1)からロイスブルーク(2)や

「新しい信心（Devotio moderna）」運動[3]、ジャン・ジェルソン[4]、さらにはウィクリフ[5]やヤン・フス[6]にいたるまで、およそありとあらゆる傾向の宗教者たちがさかんに引用している。

（1）ボナヴェントゥラ（一二二一頃～一二七四）、イタリアの神学者、枢機卿、フランシスコ会総長。
（2）ロイスブルーク（一二九四～一三八一）、ベルギーの神秘思想家。
（3）十四世紀末にオランダ、ベルギー、ドイツ一帯で起きた敬虔主義運動。
（4）ジャン・ジェルソン（一三六三～一四二九）、フランスの神学者、パリ大学総長を務める。
（5）ウィクリフ（一三二〇頃～一三八四）、十四世紀イギリスの先駆的宗教改革者。
（6）ヤン・フス（一三六九頃～一四一五）、チェコの宗教思想家、宗教改革者。

一一二二年 ヴォルムス協約

これまでの定説として、一一二二年九月二十三日に締結されたヴォルムス協約は叙任権闘争に終止符を打ったものとされてきた。この協約は、教皇カリストゥス二世と神聖ローマ帝国皇帝ハインリヒ五世のあいだで結ばれた。叙任権闘争は一〇七五年から続いており、教皇と皇帝の抗争がもっとも激しかったのは、教皇グレゴリウス七世の時代（一〇七三～一〇八五）であった。だが一一二二年には、双方が一歩ずつ譲歩した。皇帝は世俗叙任権を放棄し、聖職者たちが司教を任命する自由を認めた。つまり、聖職者の選考に介入すること、また宗教的シンボル（杖と指輪）によって聖職権を授与することを断念したのである。皇帝はまた、抗争中に獲得した財産と権利を教会に返還するとともに、教会にたいして平和と援助を約束した。いっぽう教皇は、帝国内での司教および大修道院長選考に立ち会う権利、また選考が難航した場合には介入する権利、さらには叙階に先立って俗権を付与する権利を、それぞれ皇帝に認めた。要するに、皇帝は自国の司教たちにたいする支配力を失ったのであり、それ以降、教会だけが司教を任命する権利を持ったのである。

いわゆる「グレゴリウス」改革の最中に起きた一連の事件の頂点をなすこのエピソードは、これまで言われてきたように、叙任権闘争に終止符を打ったというよりも（事実、この闘争は翌年に開かれた第一ラテラノ公会議でも引き続き行われている）、改革実現の一環だったのである。じっさい、グレゴリウス改革は教会を、俗界から独立しているがゆえに、俗界をも支配する最高決定機関たらしめることを目指していたのだ。

一一四三年　コーランが初めてラテン語に訳される

ムスリムを、武力によってではなく、知的領域において、打ち破ろうと最初に思いついたのは、一一二二年から一一五六年までクリュニー大修道院長を務めた尊者ペトルスである。コーラン（クルアーン）の訳文は、五人の翻訳者からなる委員会によって実現されたイスラム文献の翻訳集である『トレド集成（*Collectio Toledanum*）』に収められている。この集成は尊者ペトルスが編纂したもので、ほかに四つの本が含まれている。

尊者ペトルスの伝記は、彼自身の有名な言葉を踏まえて書かれているが、その引用文から、キリスト教正史では、彼は非暴力の使徒としてあがめられている。「私はあなたがたを、しばしばわれわれが行っているように、武力によってではなく、言葉によって攻撃しよう。力によってではなく、理性によって、憎しみによってではなく、愛によって、あなたがたを打ち負かしたい。」しかしそうした大修道院長の努力も、みずからのアイデンティティを確立することに急な西欧社会の知的・イデオロギー的拒絶反応には打ち勝てなかった。当時はまだ、キリスト教世界とイスラムとの対話は不可能であった。相互交流が可能となる諸条件が整っていなかったのだ。イスラム文献の翻訳は粗雑で誤りが多かった。訳本についている注解も誹謗中傷がもっぱらである。誤った翻訳に基づくテキスト解釈も、矛盾や誤解に満ちている。こうして、対話の試みは失敗に終わった。

一一七〇年　カンタベリー大聖堂にて大司教トマス・ベケットが暗殺される

一一七〇年十二月二十九日、カンタベリー大司教は、大聖堂で大晩課を司式している最中、イギリス王が差し向けた四人の騎士によって暗殺された。この悲劇に、西欧中が沸きかえった。たちまち、彼の墓に群衆が押し寄せ、奇跡が相次いで起き、殉教者の列聖が宣言された。イギリス王、プランタジネット家のヘンリー二世は、四年間にわたり、公的な贖罪に服することを余儀なくされた。この事件から読み取れるのは、近代国家への途上にある君主政体にたいする〈グレゴリウス〉教会の勝利である。

このプランタジネット王は、一一六四年、クラレンドン法を制定することによって、聖職者たちの国王への服従を義務づけた。とりわけ、聖職者の裁判を国王裁判所で行えるよう、教会裁治権や聖職者の裁判特権を無視して、国王裁治権の強化を図った。王はまた、自国の聖職者にたいする支配権を拡大し、首長が不在となった司教領や大修道院領の収入の大部分を、その首長をみずからの礼拝堂でみずからの同意によって選ぶことで、手に入れることを狙っていた。王によって選ばれた司教は、当然ながら、王に忠誠を誓い、忠臣とならねばならない。もはや、この世の支配者たちの非宗教的・世俗的権力に従うことを拒否するグレゴリウス改革の教会概念と近代国家の中央集権的ヴィジョンのあいだで軋轢やせめぎ合いが生じるのは不可避であった。

グレゴリウス改革の忠実な履行者であるトマス・ベケットは、一一六四年来、国外追放や王からの迫害の危険をもかえりみず、王の支配下にあるアングロ＝ノルマン教会[1]を公に否定し続けた。その筋書き自体はユニークとは言えないとしても、その結果はまさに前代未聞であった。斧で虐殺されたトマス・ベケットは、殉教することで、勝負に勝ったのである。いっぽう王のほうは、贖罪に服することによって、十年前に目論んだ計画の失敗を認めた。それ以来、イギリス教会は世俗権力に抵抗する姿勢を鮮明にしてきたし、またそれだけの力もあった。

(1) アングロ＝ノルマン王朝時代（一〇六六〜一一五四）から王の支配下に置かれた教会。

一二〇二～一二〇四年　ザラとコンスタンティノープルの略奪

事件は第四次十字軍の遠征中に起きた。第四次十字軍は、とりわけ、十字軍の趣旨そのものが歪曲された典型例として有名である。教皇インノケンティウス三世の提唱によって組織された第四次十字軍は、オリエントへの渡航条件を交渉するのに、ヴェネツィア人の助けを必要とした。議論が行き詰まり、十字軍兵士たちは苛立った。そこでヴェネツィア総督ダンドロは、渡航費の補塡に、イリュリア海岸にあるキリスト教の町ザラ（現在のクロアチアの都市ザダル）を攻略することを提案した。というのも、この町はヴェネツィアに敵対していたからである。十字軍は、「来たれ、創造主なる聖霊よ（Veni Creator spiritus）」(1)の歌声とともに、この町を攻略した。その場で、ふたたび画策が行われた。父からビザンツ帝国皇帝の地位を奪った叔父アレクシオス三世によって権力の座から追われたアレクシオス四世アンゲロスは、皇帝の座を取り戻すために、十字軍をうまく利用しようとした。十字軍はコンスタンティノープルを征服したが、アレクシオス四世アンゲロスの法外な約束にもかかわらず、何ひとつ報償が得られないことをただちに知った。怒り狂った十字軍兵士たちは、市内で略奪を始めた。教会が荒らされ、聖遺物が持ち去られ、歴代皇帝の墓が暴かれた。人を殺して、身に付けていた貴重品をはぎ取った。こうして、ビザンツ帝国はとどめを刺され、壊滅した。

十字軍に参加したキリスト教徒たちが別のキリスト教徒を襲ったのは、これが最初である。十字軍の目的は、もはや、異教徒を打ち倒すことでも、エルサレムやキリストの聖墓を取り戻すことでもなかった。十字軍の霊的・宗教的理想は潰えた。十字軍兵士たちの欲望、貪欲、暴力は、もはやとどまることを知らず、コンスタンティノープルのギリシア人キリスト教徒たちの平和主義を踏みにじった。西方キリスト教と東方キリスト教の断絶は決定的となり、国際政治情勢に大きた混乱をもたらすことになる。

(1) 九世紀に書かれた有名なグレゴリオ聖歌。

一二〇五年 フランチェスコ、公共広場で服を脱ぎ、アッシジ司教にわが身を委ねる

若者は裕福だった。商人の息子だったが、貴族の子弟のように育てられ、栄光に焦がれていた。最初に幻滅を味わったのは、ペルージャとの戦いに参加し、捕虜になったときのことだった。聖人にはよく見られることだが、彼もまた、牢獄で回心したのである。それ以来、いくつかの「心を揺るがす出来事」(ハンセン病患者に接吻したこと、サン・ダミアノ聖堂でキリストのお告げを聞いたことなど)を経験したのち、一二〇五年、彼は公共広場で群衆をまえに裸になり、アッシジ司教グイドに外套を着せてもらった。このシーンは有名だが、象徴的でもある。衣服を脱ぐことによって、彼は一種の通過儀礼を成し遂げたのだ。豊かな商人の子としての出自、安逸な世俗生活、とりわけ物欲的な家庭、ことに権威主義的な父ピエトロ・ディ・ベルナルドーネと決別し、教会の精神的かつ法的保護にわが身を委ねたのであり、教会のほうでも、司教を介して、彼をその一員として正式に受け入れたのである。それ以来、フランチェスコは霊的および教会的な道をひたすら歩み、その徹底した清貧によって

絶大なカリスマ性を発揮し続けた。彼が発するメッセージは、伝統的な修道生活の理想からは大きく外れるものだった。フランチェスコは新しいタイプの聖人である。陽気であり、自由であり、清貧の実践において徹底しており、平和の理想において大胆であり、説教において独創的であり、福音伝道において革新的であった。その霊的直観の創造性ゆえに教会組織の枠をはみ出しそうになりながらも、彼はつねに従順であり、上長および教会に忠実であり続け、分派活動に走るようなことはけっしてなかった。修道会「小さき兄弟会」――のちのフランシスコ会――は、一二二三年、会則を最終的に定めた。フランチェスコは、長い霊的苦悶といくつかの神秘的経験を経たのち、一二二六年に世を去った。彼の死後、清貧の解釈の問題、また清貧をその時代の教会においてどう具体化していくかという問題で、修道会は分裂状態に陥った。

脱衣の場面はジョットによって描かれ、アッシジの聖フランチェスコ聖堂の連作フレスコ画「聖フランチェスコの生涯」の一枚として、いまに伝えられている。フランチェスコは、群衆を前にして、ちょうどヨルダン河で洗礼を受けるイエスのように、腰巻をつけただけの裸である。天から手が差し出され、彼を祝福している。その日、フランチェスコは〈新しき人〉、つまり「もうひとりのキリスト（alter Christus）」になったのだ。そのことを、彼はみずからの生涯を通じて証明しなければならなかった。

一二〇九年　アルビジョワ十字軍を率いるシモン・ド・モンフォール

アルビジョワ十字軍とは、ラングドック地方のアルビを中心としたキリスト教異端者たちとの戦いのことである。まとまった組織を持たずに拡散し続けるこの異端運動との戦いは、十二世紀からシトー会修道士の教皇特使の指揮のもとで行われていたが、見るべき成果はなかった。教皇庁は苛立っていた。そこにひとつの事件が起きて、軍隊を派遣するきっかけとなった。一二〇八年一月十四日、教皇特使ピエール・ド・カステルノーがラングドックで暗殺されたのである。この異端との戦いは、それを呼びかけた教皇インノケンティウス三世によって、十字軍になぞらえられた。もちろん、この戦いがキリスト教の地で行われる以上、厳密な意味では十字軍とは言えないのだが、オリエントでの十字軍が失敗したこともあって、当時の人びとはこれを十字軍と呼ぶことを歓迎した。トゥールーズ伯レモン六世も参加したが、この戦いの先頭に立ったのはシモン・ド・モンフォールで、彼の死後は、息子のアモリー・ド・モンフォールが引き継いだ（一二一八年）。十字軍は、アルビ子爵トランカヴェルの領地、カルカソンヌやベジエに進攻し、子爵領はシモン・ド・モンフォールのものとなった。だが一二二六年、カルカソンヌ、アルビ、ベジエの子爵領は王領に併合された。おまけに一二四九年には、トゥールーズ伯領が国王ルイの弟アルフォンス・ド・ポワティエに与えられ、さらに一二七一年にはフランス王のものとなった。かくして、カペー王朝はフランスの地中海地方を併合することに成功し、フランスの現在の形が整い始めた。要するに、ラングドック地方で起きたキリスト教分派活動を、王国の政治的統一のために、巧みに利用したのである。

一二一五年　第四ラテラノ公会議

インノケンティウス三世が招集した十二回目の統一公会議である第四ラテラノ公会議は、世俗権力に勝利した教会の絶頂期、百五十年におよぶ教会改革の総決算を物語っているとしばしば言われる。一連の決議がなされ、それが教会法に付け加えられることで、キリスト教会の秘跡の実施方法が確立され、それが後世まで続けられることになる。とりわけ、多くの事項が教会法的に明確化された。たとえば、一般信徒の宗教的実践（とくに結婚の秘跡）について、ユダヤ人の識別方法（決められたしるしを身に付けさせる）について、また聖職者の規律（育成と風紀）について。

決議文の条項のうち、とりわけ第二十一条が注目される。この条項は、教区の司祭（sacerdos proprius）に告解すべきこと、また年に一度は（少なくとも復活祭には）教区の教会で聖体拝領すべきこと（もし違反したら、教区登録簿から抹消する）を定めたものである。この聖体拝領に関する措置は、アルビの異端者たちによって否定された聖体の秘跡の有効性を再確認し、それを周知させることを狙ったものである。個人の告解（司祭に耳打ちする）もまた、新しい悔悛の業に組み込まれた。それは、良心の究明方法の洗練と自己認識教育（キリスト教流のソクラテス的自己認識、つまり「汝自身を知れ」）を前提としたもので、「口頭による告白」がその中心的要素となる。公会議は、この条項によって、社会の検閲体制を整え、地方レベルでの監視網を整備することを目論んだと言えるだろう。すべてを規範化しようという断固とした意志がうかがわれる。第四ラテラノ公会議は、新しい時代に向けての出発点というよりも、一世紀におよぶ神学改革および秘跡の確立に向けた努力の総決算であった。

一二二八年　フリードリヒ二世ホーエンシュタウフェン——アンチキリストか、啓蒙君主か？

ゲルマニアの若き王、フリードリヒ二世は、祖父のフリードリヒ一世赤髭王から、ゲルマニアとシチリア王国（シチリア王女であった母コンスタンツァから相続して王となった）を含めたイタリアを統一する一大帝国を築こうという野望を受け継いだ。シチリア人気質の彼は、パレルモ——当時、言語的および文化的な一大交流点であった——の宮廷に、当代の偉大な学者や知識人たちを迎えた。彼自身、少なくとも六か国語を話した。数学、美術、諸科学、城郭建築、さらには哲学にも造詣が深かった。そんな彼に、教皇は十字軍に行くよう、急き立てたが、なかなか腰を上げなかったため、再三にわたる約束不履行を理由に、彼を破門した。一二二八年、ついにエルサレムに向けて出発したが、それは教皇にたいする面当てと個人的利害からであった。この第六次十字軍は、教会、教皇、熱心な信者たちを憤慨させた。アラビア語をしゃべり、イスラム贔屓であったフリードリヒ二世は、スルタンのカーミル・アル＝マリクと同盟を結び、ヤッファ条約を締結した（一二二九年）。その結果、巡礼者たちは自由にエルサレムに入ることができるようになり、彼自身、聖墳墓教会でエルサレム王としてみずから戴冠した。侮辱され、激高した教皇は、フリードリヒをアンチキリストと罵った。かくしてフリードリヒ二世の黒い伝説が始まる。

とはいえ、当時、彼は「世界の驚異（Stupor mundi）」、天才皇帝と言われていた。開かれた精神、幅広い教養、時代に先駆けた合理主義、文芸の庇護者としてのふるまい、巧みな外交術、いずれも世界中の賛嘆の的となり、多くの伝説や神話を生み出した。

一二五二年　異端審問

異端者たちとの戦いはすでに十二世紀末から始まっていたが、異端審問が開始されたのは、一二三一年から一二三三年のあいだである。爾来、特殊犯罪を裁く特別法廷である異端審問は、異端を神にたいする大逆罪、すなわち「信仰における過ち（aberratio in fide）」であるばかりか、帝国および王国の権威を侵害する犯罪でもあるとしたうえで、異端追放の戦いを推し進めることになった。異端審問を立ち上げる権限を持つのは教皇だけだった。それゆえ異端審問は、信仰の正統性を守り、教理的かつ政治的絶対権を握ろうとする教会の中央集権化の論理のうちに誕生したのである。それは、完全なる至高権のしるしとしての「真理の究明（inquisitio veritatis）」の遂行にほかならない。異端審問は、告発方式ではなく糾問方式で行われる。それは秘密裁判であり、証人の名は公表されなかったため、誰もが疑心暗鬼に陥った。被疑者たちは、判決に立ち会うこともなく、上訴もできなかった。一二五二年には、〈査問〉と呼ばれる拷問が行われるようになった。教皇は異端審問を、たいていはドミニコ会修道士たちに、イタリアではフランシスコ会修道士たちに委ねた。

異端審問官はみずからを、裁判官というよりも、むしろ聴罪司祭とみなし、被疑者から告白を引き出そうとした。というのも、告白こそは究極の証拠であるうえに、告白だけが、異端者を心からの悔悛にいたらしめ、それゆえまた救いの道に導くことができるからである。そのため、調査書の質問事項や法廷での尋問は、おぞましい誘導尋問となる。被疑者たちは、審問官が期待する通りの真実を述べるよう仕向けられるのだ。それゆえ被疑者から引き出された告白は、異端という犯罪の現実ないしは歴史事実よりもむしろ、審問官たち自身の異端概念や異端者像について、多くを語っている。それはのちの魔女裁判に関しても言えることである。

とはいえ、全体的に言えば、数字の低さが、めったやたらに火あぶりの刑に処するといった中世的イメージを打ち消している。審問官ベルナール・ギーの「判決記録」を見ると、九四〇件におよぶ判決において、火あぶりの刑に処せられたのは四十三人で、異端者数全体の六・七パーセントにとどまる。また異端宣告が下されたのは、全人口の一ないし一・五パーセントにすぎない。異端審問の激しさに衝撃を受けたのは後世の人びとであって、当時の中世人たちは、むしろ異端審問を支持していた。彼らにとって、信仰の激しさだけが真実の信仰の証しだったのである。十八世紀の啓蒙思想家たちによって、また十九世紀の反教権主義的言説において、教会の独断専制主義、その背後にひそむ狂信の範例とされた異端審問は、その後のあらゆる時代の教会批判者たちにとっても、格好の攻撃材料となってきた。教会自身もまた、二十世紀の終わりに、「悔悟の運動」を始め、十字軍、ユダヤ人迫害、宗教戦争と並んで、異端審問も「教会の暗い記憶」（C・ダジャンス）の一齣であることを認めるにいたった。

一二七〇年　ルイ九世、チフスに罹り、チュニスで死去

ルイ九世が、第八回十字軍——王にとっては二度目の、また正史に記録されているかぎりでは最後

の十字軍――に遠征中、一二七〇年八月二十五日に亡くなったとき、このカペー王はまだ聖人ではなかった。とはいえ彼は、聖性の香りに包まれ、しかもかねてより彼がそうなりたいと願っていた殉教者――十字軍殉教者――として、死んだのである。その一か月前にカルタゴに上陸したあと、チフスに罹り、大地に横たわったルイ九世は、受難のキリストさながらの死を遂げた。王の墓所であるサン＝ドニ聖堂まで亡骸が運ばれていくあいだ、随員たちが多くの奇跡を目撃したことで、王の列聖の機運が高まり、一二九七年に聖人とされた。

こうしたルイ九世の死から、新しい政治のあり方を読み取ることもできよう。教会との一致協力を推し進め、彼自身、教会が示す聖性の理想にどこまでも忠実であろうとしたのは事実だが、王はあくまで政治家だったのであり、「坊主たちの王」と揶揄する批判もあるが、教皇にたいして、托鉢修道会[1]にたいして、もちろん司教たちにたいしても、毅然とした態度で臨み、彼らの言いなりになるようなことはなかった。彼の宗教政策は、あくまで既存の宗教組織を保護し、助成することにあり、シトー会（王はロワイヨモン大修道院を建てた）のような旧組織ばかりではなく、托鉢修道会のような新しい宗教組織も、その対象となった。事実、王の側近には托鉢修道士も多かった。外交面では、戦争は避け、和平と同盟を促進し、とりわけ、プランタジネット家との関係改善に努めた。国王のあり方として、高潔な振る舞いという清潔なイメージに、聖なる王国を築き上げるべく法律家たちが古代ローマ帝国から見つけてきた政治概念である〈威厳〉が加わったのも、彼の時代である。ルイ九世は、美徳の理想をみずから実践し、罪を厭い、王国に清廉潔白と公明正大を促す法令を定めようとした。

死の直後から、伝記や聖者伝が相次いで書かれたが、いずれも、模範的な王として描かれており、同時代および後世の人びとの鑑となった。カペー朝の歴代王のなかで、唯一、聖王とされたルイは、神権政治色の濃い教皇庁とは距離を置く独立君主国家の規範とされたばかりか、一二五四年、国政の綱紀粛正を図る王令――のちに「改革王令」と呼ばれたが、正確ではない――を発布した王としても、また西欧の平和外交を展開した王としても、歴史にその名をとどめている。聖王ルイの記憶を、彼を引き継ぐ歴代の王は、その時々の必要に応じて、また王政イデオロギーの後ろ盾として、巧みに利用している。彼は、国民統合の要として、またフランスの歴史的偉大さのシンボルとして、今日まで多大な役割を果たしてきた。

（1）修道会規則により、私有財産の所有を認めていない修道会を言う。ドミニコ会、フランシスコ会、聖アウグスチノ修道会、カルメル会。

一二七一～一二七二年　トマス・アクィナス、『神学大全』集成

『神学大全』は、一二六八年に書き始められ、一二七三年に未完のまま放棄された。三部からなるが、「すべてを sub ratione Dei――神を根拠として、あるいは神の観点から――取り上げている。それは、この研究の目的が神自身だからであり、またすべての始原にして目的である神を論じるからである」（第一部第一問第七項）。第一部では神をそれ自体として扱い、第二部では被造物である人間

との関係で扱い、第三部ではすべての目的として扱う。作品は、全体として救済論を構成する。まず神から出発して人間にいたる。人間とは創造の頂点であり、「みずからを拡散させる善（bonum diffusivum sui）」である神、それゆえにみずからを美徳論ないし道徳哲学として教え伝える神から、しかも神の似姿として、発出した存在である。最後に人間自身が、キリストの教えと秘跡を通じて、みずからの本源としての神のもとに帰還する。この円環運動の発想はネオプラトニズム的ないしはディオニシウス的[1]である。

トマス・アクィナスは、師のアルベルトゥス・マグヌス[2]とともに、当代きっての博学であり、異教徒であるアリストテレスの思想とキリスト教教義をみごとに融合させた学者である。このイタリア人ドミニコ会士は、このうえなく彫琢された統合を教会にもたらした。彼は神学を厳密な学問と考えているが、しかしその神学を支える哲学は、神学の端女の役割に甘んじるのではなく、自立した領域をなしており、そこでは人間理性が、矛盾律の原理と善を選び悪を忌避する道徳原理にもとづく学問法則を極限まで追求している。理性が倫理を基礎づけ、行動を導くのである。

（1）偽ディオニシウス・アレオパギタ（五～六世紀のシリアの神学者とされる）の流れを汲む思想。人間の魂がいかにして神にいたるかを問う。

（2）アルベルトゥス・マグヌス（一一九三頃～一二八〇）、ドイツの神学者、アリストテレス哲学を積極的に受け入れた。

一二七七年　エティエンヌ・タンピエ、パリ大学で二一九の教説を断罪する

当時、発足したばかりの大学は警戒され、しばしば警告を受けた。一二一〇年、一二一五年、そして一二三一年には、アリストテレスを教えることが禁じられ、一二四一年には十の命題が異端思想として断罪され、一二七〇年には十三の哲学教説が断罪され、一二七二年には、大学規約によって文学士が神学的問題を論ずることが禁じられた。そうしたなかで、一二七七年三月七日、エティエンヌ・タンピエ[1]は、ガンのヘンリクス[2]の後ろ盾を得て、二一九におよぶ教説を断罪したが、それも、これまで文学部教授たち、さらには神学者たちを断罪してきたことの延長にほかならず、しかも厳密に言えば、思想原理を断罪するというよりも、それを教えることを禁ずるのが主眼であった。パリ司教は、彼らの著作から抜き出した二一九の文を教会教義に違反する異端説であるとして禁止処分にしたのである。このように、哲学者たちの仕事は厳しく監視され、言論も統制されていた。

正統信仰の守護者たちは、学者たちの著作から、そんなものはまったく含まれていないにもかかわらず、勝手に異端教説を読み取ったつもりになって、それをでっちあげたのであり、彼らが断罪した「アヴェロエス主義[3]」なるものも、じっさいには存在しないまったくのフィクションであった。このように検閲というものは、自分の敵を勝手に作り出して、その敵を攻撃する。トマス・アクィナスが「アヴェロエスの信奉者（averroistae）」と名付けて糾弾した哲学者たちは、たしかに存在した。しかしこの語の意味は限られており、もっぱら知性単一説[4]を主張する学者だけを指していた。断罪の標的になった教授たちが主張していたのは、アヴェロエスの思想からは程遠い、厳格アリストテレス主義

であった。

(1) エティエンヌ・タンピエ(一二七九没)、一二六三年よりパリ大学総長、一二六八年よりパリ司教を務めた。

(2) ガンのヘンリクス(一二一七頃〜一二九三)、「謹厳博士」と呼ばれたスコラ哲学者。

(3) アヴェロエス(一一二六〜一一九八)、アラブ名イブン・ルシュド、スペインのコルドバ生まれの哲学者、医学者。アラブ・イスラム世界でのアリストテレス注釈者として有名。

(4) 人間の知性は各個人に固有のものではなく、万人において数的に一なるものである、とする説。

一二八二年　クビライ・ハーン、キリスト教信仰を中国に迎え入れる

チンギス・ハーンの孫であり、モンゴル帝国の大ハーンであったクビライは、やがて中国元朝の初代皇帝となった。クビライ・ハーン(一二一五〜一二九四)はマルコ・ポーロの同時代人であり、しかも、数年間、彼を宮廷に迎え入れたこともあって、その人物像は、『東方見聞録』あるいは『東方旅行記』[1]によって、今日まで伝えられている。

チンギス・ハーンの母は、西暦千年後に一部がキリスト教に改宗したケレイト族の出身だった。この部族では、その後も教会が存続したが、ネストリウス派[2]が主流であった。クビライの母もケレイト族出身であったため、彼はキリスト教信仰の雰囲気のなかで育てられたが、モンゴル法(ヤサと呼ばれる)によって、洗礼を受けることは禁じられていた。キリスト教に親近感を持つクビライは、教皇

に、百人の宣教師を派遣するよう要請した。彼の統治時代、そして次の時代は、数多くのフランシスコ会宣教師が迎えられ、広大なモンゴル帝国内を自由に往来した。一三五〇年頃、ネストリウス派教会（景教）は千五百万ほどの信者を擁したが、やがて征服者ティムールによって迫害され、衰退した。彼は、アジアからキリスト教を一掃することを目論んでいたのだ。

（1）十四世紀後半に成立した旅行記。ヨーロッパ、中近東、アジアを遍歴した騎士ジョン・マンデヴィルが一人称で語る物語。

（2）古代キリスト教の教派のひとつ。コンスタンティノポリス総主教ネストリウスが説いた。キリストの両性説は認めるが、キリストの位格はひとつではなく、神格と人格に分かれるとする。中国では景教と呼ばれた。

一三〇二年　ボニファティウス八世、勅書「ウナム・サンクタム」を発布する

フランス王フィリップ四世端麗王と教皇ボニファティウス八世のあいだで緊張が高まり、一二九四年から、裁判や税に関する争いが頻繁に起こっていた。警告や威嚇のやり取りがしばらく続いたあと、教皇はいよいよ敵にとどめを刺すときが来たと判断し、一三〇二年、勅書「ウナム・サンクタム（*Unam sanctam*）」を発した。教皇による神権政治の理念が、これほど断固として主張されたことはかつてなかった。「ローマ教皇に従うことなくして、誰も救われない」。かくして、教皇に従うことが、救いの条件となった。この勅書はグレゴリウス七世が発布した「教皇教書（*Dictatus papae*）」からイン

ノケンティウス四世にいたる教皇改革精神の究極の発露とも言えるが、空威張りのきらいもあった。教皇は、政治情勢が以前とは変わっていることに気づかなかったのだ。

世俗権力が強大になり、教皇がみずからの優越性を独断的に宣告できるような時代ではなくなっていた。勅書の高圧的なトーンは、逆に、政治情勢の急激な変化に対応できない教皇庁の無力さを物語っているにすぎない。じっさい、翌年一三〇三年、フィリップ端麗王は政治顧問が率いる軍をアナーニ(1)に派遣し、教皇を捕らえたが、史書によれば、その際、政治顧問のひとりギヨーム・ド・ノガレが教皇に平手打ちを食らわせた(2)とされている。この逸話は、史実ではないとしても、教皇の惨敗を象徴している。ともあれ、教皇はその三日後に世を去っている。以来、教皇庁はフランス王に接近し、対立ではなく、同盟の構築に努めるようになった。教皇庁とフランスは、十四世紀に入って、外交的にもそうだが、何よりも地理的に近接関係の時代を迎えた。アヴィニョンに教皇庁が移されたことは、良かれ悪しかれ、教皇庁の政治的選択の結果にほかならない。それは勅書「ウナム・サンクタム」に見られる高圧的な政治スタイルとの決別を意味する。

(1) ローマの東約六〇キロに位置する。教皇離宮があった。
(2) 平手打ちを食らわせたのは別人(シャッラ・コロンナ)だとする説もある。

一三一〇年　マルグリット・ポレト、パリで火刑に処せられる

ヴァランシエンヌ[1]のベギン会員[2]、マルグリット・ポレト（通称）は、一三一〇年五月三十一日、異端再転向者[3]として断罪された。彼女が書いた本『素朴な魂の鏡』も、フランスの審問官によって異端とされ、その翌日、グレーヴ広場[4]で、彼女自身とともに、火刑台で焼かれた。ところがこの本は、同時代から後世にいたるまで、人びとを魅了した。ヨーロッパの各地で読まれた形跡があるし、とりわけ十五世紀末から十六世紀にかけてロワール河流域地方でよく読まれた。この本は、禁書とはならず、推奨されないまでも、合法書とされ、女子修道院でも自由に読むことができた。その内容は、魂が七つの段階を経て無化されていき、愛に導かれて、神との合一にいたるというものである。そこにはライン河流域神秘主義[5]の影響が強くうかがわれ、マクデブルクのメヒティルト[6]、アントウェルペンのハデヴィジック[7]などの女性神秘家たちの教説と共鳴するところも多い。

マルグリットは、多くの書物を読み込んでみずからの思想を築き上げたというよりも、いわば「音の風景」のなかに浸っていたように思われる。学問書や信仰書から見つけた言葉を誰かが口頭で伝え、それが、相互につながりがある宗教共同体網を通じて、しだいに広がっていき、国際神秘主義ともいうべきものが生まれる。そのうえ、大学のそと、公的にはそんな資格は毛頭ない人びとの手になる世俗的神学論が現れたということは、ひとつの時代的兆候だったと言えよう。ちなみに、ダンテ、ヤコポーネ・ダ・トーデ[8]、ラモン・リュイ[9]、アルノー・ド・ヴィルヌーヴ（アルナルドゥス・デ・ヴィラ・ノヴァ[10]）も同時代人であり、しかも彼らのうちの何人かは、一時的にせよ、教会当局によって異

端の疑いをかけられたのである。

(1)フランス北部ノール県にある都市。
(2)ベギン会は修道院とは異なり、半聖半俗の姉妹団である。十三世紀に生まれたベギン会は、女性たちの互助組織として、独自の共同体を形成していた。
(3)一度改心して異端から離れた者がふたたび異端者になること。
(4)パリのセーヌ河畔にあった処刑場。
(5)十三、十四世紀にライン河流域で隆盛したドイツ神秘主義。
(6)マクデブルクのメヒティルト(一二一〇~一二七九)、ドイツの女性キリスト教神秘家、主著は『神性の流れる光』。
(7)十三世紀、ベルギーの女性神秘家、詩人。
(8)ヤコポーネ・ダ・トーデ(一二三〇~一三〇六)、イタリアの詩人、フランシスコ会士、『賛歌集』の作者。
(9)ラモン・リュイ(一二三二頃~一三一五)、マヨルカ島出身の哲学者、神学者、神秘思想家。
(10)アルノー・ド・ヴィルヌーヴ(一二三五頃~一三一三頃)、出生地不明、医学者、薬剤師。

一三一七年　ヨハネス二十二世、聖霊派を断罪する

ヨハネス二十二世は、〔一三一七年に〕勅書「クォルムダム・エクスィギト(*Quorumdam exigit*)」を、一三二三年に同「クム・インテル・ノンヌッロス(*Cum inter nonnullos*)」を、重ねて発することで、創設者フランチェスコの死後、フランシスコ修道会内部に生じた神学的および霊的紛争に終止符を打

とうとした。内紛の原因は、イタリア語では fraticelli（兄弟）あるいは zelanti（熱心な人びと）と呼ばれるグループ、いわゆる聖霊派の厳格主義であった。彼らは、フランシスコ会の少数派ではあったが、会の掲げる清貧の理想を、つまりは聖フランチェスコの行いと思想を直接引き継ぐ形での徹底した貧しさを、どこまでも貫こうとした。彼らは、財産所有、みずから学問すること、豪華なアッシジ聖堂の建設、いずれも否定した。

聖霊派にたいする弾圧は、イタリアではすでに一二四〇年代に始まり、一二八二年にピエール・ド・ジャン・オリュー（オリヴィ）[1]の教説が断罪されたことからもうかがわれるように、一二八〇年代にはプロヴァンスにも広がっていた。この弾圧は、教皇ボニファティウス八世の時代にいっそう激しくなり、ヨハネス二十二世のふたつの勅書（一三一七年と一三二三年）によって、最終局面を迎える。ヨハネス二十二世がこの聖霊運動を断罪し、さらに広い意味においてフランチェスコ的清貧の理想そのものに反対したのは、「所有権（dominium）」つまり財産を所有することを人間の条件の本質にかかわる固有の権利と考えたからである。

（1）ピエール・ド・ジャン・オリュー（一二四八〜一二九八）、南仏生まれのフランシスコ会士、神学者。

一三三一年　至福直観論争が始まる

至福直観についての神学論争が行われたのは、おおよそ、一三三一年から一三三六年にかけてである。論争を引き起こしたのは、アヴィニョン教皇[1]ヨハネス二十二世である。彼は、死後の魂が、最後の審判以前に、神を直接見るという至福にあずかることはないという見解を示したのである。すると早速、多くの神学者がその見解を誤ったものとして告発した。彼らにとって、最後の審判によって肉体が復活するまで、魂は神を直接見ることはできないとする考えはどうしても受け入れられなかったのだ。死の直前、教皇はみずからの見解を撤回し、あのような考えを述べたのは、ひとりの神学者としての個人的意見にすぎず、教皇としての公式見解ではない、と釈明した。

彼を引き継いだベネディクトゥス十二世は、義人の魂は、死後ただちに、直観的かつ直接的に神を見ることができるという教義を定めた。中世社会において、この問題は決定的に重要であった。というのも、至福直観こそ、あらゆるキリスト教的生の、あらゆる完全性の、そして天上の教会の、究極のあり方なのである。つまりそれは、永遠の救いそのものを意味するのだ。

ヨハネス二十二世が提起した問題の核心は、人間の有限なる知性は無限なる神の認識に達し得るのか、ということであった。無限を認識するとは、すでにして、みずからが神になることではないか？神学者に課せられた問題とは、人間が完全に神と同化するという事態を避けるための歯止めを設けながらも、人間が神を直接見るという救いの極致を理論づけることであった。

（1）教皇庁がアヴィニョンに移された時代（一三〇九〜一三七七）の教皇を言う。

一三五二年　アヴィニョンにおける教会とペスト

　一三四二年に教皇に選出されたクレメンス六世は、のちのルネサンス時代の教皇を思わせるような豪勢な暮らしぶりで、まるで大貴族のようであった。彼の在位中のアヴィニョン教皇庁は、奢侈と閨閥主義がはびこり、華やかな宮廷生活が繰り広げられ、多くの文人たちが庇護を受けていた。ところが、そのアヴィニョンが、突如、人間の大量死の現場と化したのである。一三四七年にマルセイユに上陸したペストは、ローヌ河を遡り、一三四八年の初頭にはアヴィニョンに到達する。ペストは、階級、年齢、性別、宗教、いっさい区別なく、あらゆる人間を襲った。この恐るべき現象はまったく不可解だった。そこでこの害悪を教皇庁に結びつけ、その贅沢な暮らし、ローマを離れた「バビロン捕囚[1]」、風紀の乱れ、さまざまな悪弊などを非難する声が高まった。火あぶりの私刑も相次いだ。ペストの原因はユダヤ人だとされたからである。

　クレメンス六世は、すでに多くの医師を抱えていたが、こうした事態に対処すべく、医学者ギー・ド・ショーリアック[2]を招いた。ギー・ド・ショーリアックは、ペストは天罰だという迷信などは無視して、患者の体にできた膿瘍や壊死したリンパ節腫などを熱心に調べた。ガレノス[3]やアヴィセンナ[4]から多くを学んだ彼は、みずから行った解剖にもとづいて、病気を理性的に説明したのである。教皇も、この災いを食い止めるべく、ペスト患者の死体解剖を正式に認めて、この病気の原因を究明しようとするギー・ド・ショーリアックの努力を支えた。それと並行してクレメンス六世は、ユダヤ人迫害をやめさせるべく、ふたつの勅令を相次いで発した。最初の勅令ではユダヤ人に洗礼を強制することを禁じ（一三四八年七月四日）、つぎの勅令ではユダヤ人迫害を断罪した（一三四八年九月二十六日）。彼自身、率先して、ユダヤ人をアヴィニョンに迎え入れた。

（1）教皇庁がローマからアヴィニョンに移されたことを「バビロン捕囚」になぞらえたもので、アヴィニョン捕囚とも言う。「バビロン捕囚」とは、紀元前五八六年、ユダ王国がバビロニアによって征服され、ユダヤ人が捕囚となってバビロンに連行されたことを言う。
（2）ギー・ド・ショーリアック（一二九八～一三六八）、フランスの外科医、教皇の従医を務め、浩瀚な『大外科書』を著した。
（3）ガレノス（一二九頃～二〇〇頃）、ローマ帝政時代のギリシアの医学者。
（4）アヴィセンナ、アラブ名イブン・スィーナー（九八〇～一〇三七）、ペルシア生まれの哲学者、医学者、科学者。

一三七八年　ローマで、恐怖と騒乱のなか、ウルバヌス六世が教皇に選出される

七十年にもおよぶ「アヴィニョン捕囚」のあと、教皇グレゴリウス十一世は、さまざまな困難を乗り越えて、一三七七年一月、ようやく教皇庁をウルブス（Urbs）[1]に戻したが、思いもかけず、翌年の三月二十七日に亡くなってしまったため、教会はふたたび緊急事態に陥った。コンクラーヴェ[2]の準備が始まったが、ローマの街は「ローマの教皇を（Papa romano）！」と枢機卿団に訴える声で沸き立った。ローマの人びとはローマ出身の、少なくともイタリア人の、教皇を望んでいた。教皇庁がまたアヴィニョンに行ってしまうのではないか、またもやフランス人が教皇になるのではないか、と恐

れていたのである。四月七日の夕刻、十六人の枢機卿がコンクラーヴェの会場に入り、慣例にしたがって、そこに閉じこもった。しかし枢機卿団は、フランス派（正確にはアヴィニョン教皇系列のフランス＝リムーザン派）とイタリア派のふたつに割れていた。一晩中、激しい議論が続いた。四月八日の朝、群衆が会場の入口まで押し寄せ、威圧した。早く決着を付けねばならなかったが、枢機卿団の意見は少しもまとまらなかった——目撃者はそう証言している。そこに、枢機卿メンバー以外の名前が突如上がった。バーリ大司教バルトロメオ・ディ・プリニャーノである。ナポリの生まれで、アヴィニョン教皇庁に務めたこともある。結局、彼が教皇に選ばれ、ウルバヌス六世を名乗った。

恐怖と圧力に屈した選出だったのか？　あるいはイタリア派のたくらみだったのか？　ともあれ、ウルバヌス六世が教皇の座につき、高圧的な教会改革に着手して数週間後の一三七八年九月二十日、シスマ[3]が勃発した。ローマで行われたコンクラーヴェに出席していなかったフランス人枢機卿たちが、ウルバヌス六世の選出を無効とし、フォンディでコンクラーヴェをやり直して、ロベール・ド・ジュネーヴを新たに教皇に選んだのである。彼はクレメンス七世を名乗って即位した。フランス派は、恐怖のもとで行われた選挙の有効性を問題にした。選挙が恐怖のもとで行われたとすれば、その選挙は教会法上無効ではないか？　通達、回想録、無効性を正当化する教説などにおいて、しきりに強調されるのは、コンクラーヴェが大混乱になり、枢機卿たちがパニックに陥っていたということである。当然ながら、会議が恐慌状態にあったという証言が相次いだ。

ともあれ、キリスト教会にはふたりの教皇が存在することになった。新たに選ばれたクレメンス七世と辞任を拒否するウルバヌス六世である。いったいどちらが真の教皇なのか？　ウルバヌス派とクレメンス派、それぞれが教会法を勝手に解釈して、ウルバヌス六世選出の有効と無効を主張し合う。両派が知恵の限りをつくして論争したというのも、教皇統一こそ教会の緊急課題であり、信徒たちの良心と魂の救いがそれにかかっていたからである。四十年近くが過ぎても、どちらが真の教皇か、誰も言えなかった。今日なお、まともな歴史家であれば、どちらが真の教皇であったか、おいそれとは断言できまい。一九四七年発行の『教皇庁年鑑』の教皇リストを見ると、クレメンス派を対立教皇[4]の系譜とし、ウルバヌス派を正統教皇の系列としているが、そこには、教皇位継承のいわば万世一系の原則を誇示し、ふたりの教皇が同時に存在したというスキャンダルを隠したいという教皇庁修史官たちの思惑が透けて見える。だが歴史的に見れば、そうした小細工には根拠がない。この〈大シスマ〉は教会史上のスキャンダルであり、だからこそ、隠蔽しなければならなかったのだ。

（1）古代ローマ帝国の城塞都市を言うが、ここではローマを指す。
（2）教皇選挙会議のこと。
（3）キリスト教会から分派を立てること。東方教会の分立なども指すが、とくにここで語られている西方教会の分裂を〈大シスマ〉と言う。
（4）正統な教皇に対抗して立てられた教皇のこと。

一三九八年　パリ大学、教皇にたいする「服従の撤回」を提案する

大シスマはすでに二十年続いていた。解決策は空回りし、当事者たちは苛立ち、信者たちは悩んでいた。そんななかで、一三九五年春、アヴィニョン派の分裂が決定的となった。パリ大学教授団、貴族、王顧問会議、そして王が、こぞって、教皇ベネディクトゥス十三世に反旗を翻したのである。まさにシスマのなかのシスマであった。シモン・ド・クラモー(1)は、一三九七年、「服従の撤回について(*De substraccione obediencie*)」という攻撃的な建議書を書き、教皇を辞任に追い込むべく、教皇への服従を今後取りやめることを提案した。この目論見を実現するため、彼は、西ヨーロッパ全体を巻き込んで、教皇を孤立させる外交戦略を展開しようと考えた。誰からも見放されれば、教皇としても、退位するほかなくなるだろう。この提案について、撤回派と反撤回派のあいだで、激しい議論が交わされた。結局、三回目のフランス聖職者会議において、採決となり、撤回が賛成多数で可決された。採決は、厳密を期して、投票用紙（紙片に自筆で記入）を使って行われた。それを受けて、フランス国王は、フランス王国の教皇にたいする服従義務を正式に撤回することを告げる二通の王令を発した（一三九八年七月二十八日と三十日）。同年の九月十七日、アヴィニョン派の大多数の枢機卿もまた、服従の撤回を宣言したが、やはり、教皇を譲歩させ、辞任に追い込むことで、教会の首長統一を図ることが目的であった。

教皇に退位を迫るという異様な行動は、教会の長い歴史において、前代未聞であった。それ以来、フランス教会は自主運営されることになり、また聖職禄や徴税権の授与権は王が独占することにな

り、その制度化が始まった。こうした「撤回」体制のなかで、信者たちは不安なままであった。教皇にたいする服従義務を合法的に撤回することができるのだろうか？　罪にならないのだろうか？　だが、勝利者となった撤回派は、黙って従うよう、反対派に圧力をかけた。反対派が弾圧されるのは明らかだった。亡命も相次いだ。

とはいえ、この大胆な計画を成し遂げるには、十分な態勢が整っていなかったし、それだけの覚悟もなかった。じっさい、「撤回」はシスマの解決にはまったく役立たなかった。そのうち、風向きが変わった。「撤回」反対派は、服従の回復を要求した。訴状や意見書が相次いで出され、一四〇三年、その要求が認められた。フランス王、枢機卿団、諸公など、「撤回」派に回ったすべての者が、みずからの非を認めて謝罪し、ベネディクトゥス十三世にたいする服従義務を再履行することになった。こうして力関係が逆転したが、作戦変更を余儀なくされた「撤回」派は、大シスマに終止符を打つべく、統一公会議を開くことをひそかに画策していたのである。

「撤回」という実験は、前代未聞で大胆不敵であったが、建設的でもあった。具体的に言うと、国王シャルル六世は教会危機への対応を、一三九四年以降、パリ大学の教授たちに委ねたのである。王は彼らに相談し、彼らの意見を聞き、彼らに質問した。彼らは、専門知識を生かせることがうれしく、有頂天になった。政治権力に参画するという長年の夢が、とうとう実現した。これまで単なる知恵であったものが、世の中を動かす力となったのだ。結局のところ、「撤回」は大シスマを解決することには失敗したとはいえ、大衆意見のうえに君臨したいという学者たちの夢をかなえる機会にはなったようだ。ただしこの夢も頓挫し、逆に懲戒や免職の処分を受けた教授も少なくなかった。

（1）シモン・ド・クラモー（一四二二三没）、司教、大司教、そして〈大シスマ〉時代に枢機卿を務めた。

一四三八年　「国事詔書」がブールジュで起草される

バーゼル公会議[1]の一件もあって、公会議主義[2]司教たちと教皇エウゲニウス四世との緊張が高まり、教会はふたたびシスマの瀬戸際にあった。神聖ローマ皇帝ジギスムントとフランス王シャルル七世は、暫定的な和解を提案した。シャルル七世は、過激な公会議主義思想の高まりのなかで、ブールジュで聖職者会議（四人の大司教、二十五人の司教、大修道院長、大学および聖堂参事会の代表からなる）を開くことにする。バーゼル公会議で承認された改革案（二十ほどの教令）に則りながらも、独自のやり方でフランス教会を組織することが目的であった。一四三八年七月七日、「国事詔書」が発布される。

この「国事詔書」は、フランス国王とフランスの聖職者たちとの協約であり、フランスにおける教皇特権を制限するとともに、教皇の越権行為を告発し、決定機関としての公会議の優越性を再確認することを狙っていた。それは改革の精神に基づくもので、教皇の権力濫用の抑止、教皇年貢（聖職禄を獲得した最初の年に教皇に納める税金）の廃止、さらには教皇納税そのものの廃止、枢機卿になるための最低年齢の規定、破門や聖務停止の効力の制限を定めている。それは同時に、国王の絶対支配権の精神にも基づいており、司教選挙に国王が介入できるとしたこと、また聖職禄にたいする教皇の裁量権を廃止するとしたことなどに、その精神は表れている。こうしてフランス教会は、さらに自主独立性を高めることになった。「国事詔書」は、聖職者会議と高等法院で承認された。当然ながら、教皇は断固反対した。シャルル七世を継いで国王になったルイ十一世は、一四六一年、「詔書」を撤回し、教皇ピウス二世との和解に務めた。

（1）スイスのバーゼルで一四三一年から一四三七年にかけて開かれた公会議。公会議主義者と教皇支持派の争いの場となった。
（2）公会議にこそ教会内の至上決定権があるとする思想。

一四五〇年　ニコラウス五世、ローマで聖年大赦を布告する

一四五〇年、教皇ニコラウス五世はローマで聖年大赦[1]を布告した。彼は、前年、バーゼル公会議主義者たちによって選ばれた対立教皇フェリックス五世（在位一四三九〜一四四九）を廃位させ、バーゼルのシスマに終止符を打った。人文主義者で文人のニコラウス五世（トマソ・パレントゥチェリ）は、それまでの半世紀にわたってないがしろにされてきた教皇の君主的権威を復活させたいと願っていた。公会議主義者たちも和解を申し入れてきたため、当代一流の人物たちが彼の周囲に集まってきた。

そうして高まった権威を背景に、ニコラウス五世は、早速、ヴァチカン宮殿の修復に取りかかり、

世界でもっとも壮麗な宮殿とするべく、画家、建築家を集めた。さらに文人たちを呼んで、ヴァチカン図書館を創設し、ローマを学芸の中心地にしようとした。宮廷に当代の人文主義者たちを迎え入れ、古代ギリシア・ローマ文化を礼賛した。彼はまた、キリスト教諸国に声望の高い特使を派遣し、改革精神を広めることに努めた。神聖ローマ帝国にはニコラウス・クザーヌス(2)とジョヴァンニ・ダ・カペストラーノ(3)を、フランスにはギヨーム・デトゥートヴィル(4)を、それぞれ派遣した。ニコラウス五世が聖年大赦を布告したこの年、ローマは巡礼者であふれかえった。彼は、この布告によって、教皇至上権が勝利したことを内外に示そうとしたのであり、しかも、自分みずから、その勝利の顔たらんとしたのである。

(1)聖年とは、カトリック教会において、「ローマ巡礼者に特別の赦し(大赦)を与える」とした年である。おおよそ二十五年ごとに聖年とされる。また百年ごとに大聖年となる。
(2)ニコラウス・クザーヌス(一四〇一〜一四六四)、ドイツの哲学者、神学者、数学者、枢機卿。
(3)ジョヴァンニ・ダ・カペストラーノ(一三八六〜一四五六)、フランシスコ会説教師。
(4)ギヨーム・デトゥートヴィル(一四〇〇頃〜一四八三)、ノルマンディ生まれ、枢機卿、モン・サン=ミシェル修道院長。

一四八六年『魔女に下す鉄槌』

ふたりのドイツ人ドミニコ会士、ヤーコプ・シュプレンガーとハインリヒ・クラマー(インスティトリス)[1]が書いたこの論説は、悪魔学の傑作であり、時代の転換点を示すものである。一方では、中世人の典型的欲求、すなわち自己確立のために他者を排除しようとする欲求の最終帰結であるとともに、すでに一四三〇年代から始まっていたことが知られている魔女狩りの総決算であるが、他方では、宗教弾圧の新しい様相、すでに近代的な様相を示している。すなわち、魔術の存在を信じることは、新しい司牧のあり方を確立することとの裏面にほかならないのである。托鉢修道会は、キリスト教布教を徹底させるべく、迷信や魔術信仰の根を断とうとした。そして彼らは、こうした信仰の敵を根絶するという名目のもとに、魔女という架空の存在を「でっちあげた」のである。つまり魔女狩りとは、みずからが作り上げた幻想との戦いにほかならないのだ。

それ以来、異端者、ユダヤ人、ハンセン病患者よりも、むしろ魔女がスケープゴートになった。たいていは民間伝承から生まれた魔女は、箒に乗って空を飛び、黒ミサやサバト(魔女集会)に出かけると言われていた。こうして徐々に、魔女は悪魔化されていったが、魔女の世界と悪魔の世界が同一視された背景には、民衆世界にたいする権力者たちの固定観念的な恐れがあった。こうした幻想をともにする国家と教会は、結託して事に当たろうとする。一四八四年、教皇インノケンティウス八世は、勅書「スンミス・デシデランテス・アッフェクティブス(*Summis desiderantes affectibus*)」を発し、魔女狩りの開始を宣言した。この勅書は、魔術を近代史の特異現象のひとつたらしめることに貢献したと言えるだろう。

『魔女に下す鉄槌』は、教会のエリートたちが異端審問の精神に基づいて築き上げた悪魔学の産物である。しかし、教会の宣伝活動家たちの妄想から生まれたこの悪魔的想像世界は、しだいに市町村の民衆層にまで浸透していった結果、十六世紀の初めから三〇年代になると、別の意味を持つようになった。魔術は、地域の、さらには家庭内の、対立や緊張を生み出す元凶となっていたのである。つまり、魔術に対する宗教的な疑いの背後には、もうひとつ別の係争がひそんでいたのだ。魔術は、民衆のあいだでは、もはや異端信仰の問題としてはとらえられていなかった。民衆が恐れていたのは、魔術が悪魔の仕業かどうかということよりも、魔法使いと彼が使う魔法がじっさいに及ぼす害悪のほうだった。民衆精神においては、もはや悪魔と魔法使いは別物であった。このように、悪魔と魔法使いが別物扱いされたことは、聖と俗、ふたつの世界、ふたつの文化、ふたつの知の分裂がすでに始まっていたことを、それなりに物語っている。

（1）ヤーコプ・シュプレンガー（一四三六～一四九五）、ハインリヒ・クラマー（一四三〇～一五〇五）、いずれもドイツのドミニコ会士、異端審問官。

一四九四年　サヴォナローラ、フィレンツェを不安に陥れる

文芸復興のさなか、シャルル八世の率いるフランス軍によってメディチ家が追放されるという事態を受けて、フィレンツェの統治はサン・マルコ修道院長であるドミニコ会説教師に委ねられた。サヴォナローラは、一四九四年から一四九八年まで、一種の神権政治体制を敷いたが、彼自身はそれを

キリスト教的宗教共和国と考えていた。厳格な風紀を特徴とするこの理想的キリスト教国家では、税体系が見直され、拷問が禁止されるとともに、市内の貧者たちへの施しや青少年の教育が制度化されたが、一方では世論操作も行われていた。要するに、それは一種の独裁体制であった。サヴォナローラの統治するピューリタン的かつ民衆的な共和国では、音楽、ダンス、カーニヴァル、仮面、宝飾品、華美な布地、贅沢、利潤、金銭、贖宥[1]、これらすべてが禁止された。この修道士とピアニョーニ(piagnoni)すなわち「嘆き悲しむ人びと」と呼ばれた彼の弟子たちは、「虚栄の焚刑」と称して、多くの書物、賭け事の道具、詩集、絵画、とりわけ裸体画を焼いた。そのなかにはボッティチェリの絵も含まれていたが、彼自身、サヴォナローラの説教を聞いて回心している。

サヴォナローラの正体は? 人文主義的な改革者だったのか、それとも反人文主義の僧だったのか。民主的な共和主義者だったのか、それとも過激な革命家だったのか。カリスマ的な説教者だったのか、それともヒステリー症のピューリタンだったのか。ルターの先駆者だったのか、それとも狂信的なドミニコ会士だったのか。このサヴォナローラ現象をどう解釈すべきか、教会内の意見も割れている。ボルジア家出身の教皇アレクサンデル六世は彼を破門している。フィリッポ・ネリ[2]は彼を称賛している。ベネディクトゥス十四世は彼を聖人とした。ピウス六世は彼を異端者とみなすことを拒否している。のちに新教徒(プロテスタント)たちは、ヴォルムスのルター記念像の足もとに彼の彫像を置いた。

(1) 贖宥とは、キリストと諸聖人の功徳により、教会から罪の償いにたいして与えられる赦しのこと。罪のすべてが免除される場合と一部のみが免除される場合がある。免償とも言う。
（2）フィリッポ・ネリ（一五一五〜一五九五）、イタリアの司祭、オラトリオ会の創設者。

一五一六年　フランソワ一世、ボローニャの政教協約に署名する

マリニャーノの勝利(1)のあと、第五ラテラノ公会議のさなかに、一五一六年、フランス王フランソワ一世とローマ教皇レオ十世のあいだで政教協約が結ばれた。これによってフランス教会は、ブールジュ国事詔書に代わる新体制を敷くことになり、それは、一七九〇年に聖職者民事基本法が制定されるまで、長期にわたって続くことになる。これまで司教は、国事詔書の精神に則り、聖堂参事会決定に従い、参事会員によって選ばれていたが、今後は、国王が指名することになった。ボローニャの政教協約は、フランス国王の至上権の確立を内外に示した。王は高位聖職者（大司教、司教、大修道院長、修道院長）を指名し、教皇が叙階する。国王が高位聖職者を指名すること自体は、すでにフィリップ四世端麗王がやっていたことでもあり、事実として大きな変動というわけではなかったが、前代未聞だったのは、フランス国王が指名権を持つことを教皇が正式に認めたことである。ある意味において、教皇は、当時、西欧最強の君主と新たな関係を築こうとしていたのだ。教皇は、フランス王に聖職者の指名権を認めることで、王国内の聖職禄を王が家臣の忠義にたいする報償として利用することを可能にした。それはつまり、教皇が王に、王国とその教会を統治するのに必要な権力の道具を

正式に譲り渡したことを意味する。もちろん、そこには教皇の計算が働いている。こうした恩恵をフランス王に与えることで、ローマ教会にたいするフランスの忠誠をつなぎとめることを狙っていたのだ。折しも、〈普遍教会〉の統一性を脅かす兆候がすでに現れていた。じっさい、翌年にはルターの抗議活動が始まり、分裂の危機が現実のものとなる。

とはいえ、ボローニャの政教協約は、パリ高等法院でただちに承認されたわけではない。承認されたのは、翌々年の一五一八年のことである。この遅れは、この協約に抵抗する勢力があったことをはっきり物語っている。高等法院とパリ大学である。さまざまな形で結託している両組織は、この問題でも、教会を絶対支配しようとする王に抵抗すべく、聖堂参事会による合議的運営を支持していた。高等法院と大学は、コンスタンツ[2]およびバーゼル公会議の精神を継承しているとされる国事詔書に固執していた。彼らは、ボローニャの政教協約に読み取った二重の絶対主義的逸脱に危機感を募らせ、それに抵抗しようとしたのである。「二重の絶対主義」というのは、マリニャーノの戦いで勝利を収め、力を誇示するフランス国のそれと、第五ラテラノ公会議で派手に演出された教皇至上主義のそれである。ボローニャの政教協約は「ふたつの絶対主義の共謀」（A・タロン）を意味する。それをガリカン教会[3]は告発したのである。

（1）一五一五年、イタリアのマリニャーノでフランス＝ヴェネツィア連合軍とスイス傭兵隊が戦い、前者が勝利した。

（2）コンスタンツ公会議（一四一四〜一四一八）、三人の対立教皇を廃し、ひとりの正統な教皇を立てることで〈大シスマ〉を終結させた。教皇の権威が失墜したなかで、公会議主義者が主導権を握った唯一の公会議であった。
（3）フランス教会のことだが、とくに教皇庁からの独立性を強調して言われる。

一五一七年　ルター、九十五か条の提題を掲げる

一五一七年の「秋なかば」、十月三十一日、聖アウグスチノ修道会に属し、正規の神学者であり、大学教授でもあるひとりのドイツ人修道士が、ドイツのある教会の門扉に厳格な神学に基づく九十五か条の提題を掲げた。一見するところ、さほど物議をかもしそうな事件ではなかった。彼はなぜこうした行為に及んだのか？　テッツェル[1]という修道参事会員の説教活動に苛立ち、憤慨していた。当時さかんに行われていたように、この修道参事会員もまた、贖宥、すなわち一定の献納金を払えば罪が許されることを熱心に説いたのだが、それはローマのサン・ピエトロ新聖堂の建築費捻出のためであった。免罪符売買にたいする苛立ちから、提題の掲示という公衆を前にした抗議活動に踏み切ったわけだが、そもそもマルティン・ルターは、一介の修道士でしかなかった十年以上も前から、エルフルト修道院のなかで、人間が救われるための条件について考え続けていたのだ。自分の救いについて深く思い悩みながら、彼は出口をさぐり、聖書を読み漁ってやまなかった。聖パウロからは、行いではなく、「信仰のみ（sola fide）」が救いをもたらすことを学んだ。聖アウグスティヌスからは、神だ

けが信仰という恩寵を与えてくれること、そして神だけが罪びとに義認の外套を着せてくれることを学んだ。そうした長い霊的歩みの果てに、彼はひとつの結論に達した――信仰による義認こそ、神が与えてくれる最高の恩寵である、と。彼はそのことを、すでに一五一六年から教えてもいた。彼が免罪符にたいして抗議したのも、彼の思索活動の成果であり、彼が大学で教えていた内容そのものを、実際行動に移したにすぎなかったのだ。九十五か条の提題は、ひとつの論理的帰結、彼にとっては明証そのもの、思想的変遷の到達点であった。マルティン・ルターは警鐘を鳴らそうとしたのであって、宣戦布告したわけではない。

ところが、まったく思いもよらず、この行動は、当時のドイツ中に大きな反響を引き起こした。それだけ、魂の悩みをかかえる人、世の不正にたいして反抗心を抱く人が多かったのであり、そのうえ、神聖ローマ帝国と呼ばれるこのゲルマンの国は統一を欠いており、社会的・政治的な混乱が絶えなかった。当初は内面的思索の歩みをたまたま披歴したにすぎなかったこの行為が、しだいに革命行動の様相を帯びてきて、あとからふり返ってみれば、ヨーロッパ全体を炎に包むことになる火薬庫となったのである。九十五か条の提題は、ただちにドイツ語に翻訳され、またたくうちに帝国全土に広まっていった。その爆発力がすさまじかったため、ルターは、まずアウグスブルクでの審問に、ついでライプツィヒでの討論会に、それぞれ召喚され、弁明を求められた。激しい論争が繰り返されるなかで、彼はみずからの神学的立場から必然的に導かれる教会論の結論に到達した。つまり、ローマの否認である。戦争が勃発し、キリスト教世界に激震が走った。

教会は、以来、その歴史を通じてもっとも大きく、またもっとも長い分裂状態に陥った。まさにプロテスタントのシスマで、その結果、カトリックとプロテスタントというふたつのキリスト教信仰団体が誕生した。しかも、プロテスタントはさらにいくつかの流派に分かれることになる。こうして、教会の統一という理念は決定的に葬り去られた。

（1）ヨハン・テッツェル（一四六五〜一五一九）、ドミニコ会修道士、ドイツで免罪符を配布・販売した中心人物。

一五二一年　ギヨーム・ブリソネとマルグリット・ダングレームの霊的往復書簡

一五二一年の暮れ、フランソワ一世の最愛の姉、マルグリット・ダングレーム（一五二七年からはマルグリット・ド・ナヴァル）は〈モー・サークル〉に接近し、とりわけその主宰者であるモー司教ギヨーム・ブリソネの知遇を得た。早速、司教とのあいだで霊的書簡のやり取りが始まり、三年間にわたり、みずからの宗教的不安や悩める魂の省察を書き送った。〈モー・サークル〉の活動に、人文主義的雰囲気の中で育った博識なマルグリットは深く共鳴した。このサークルの趣旨は、信仰の原点に立ち返り、福音書をはじめとする聖書そのものを直接読むことにあった。この運動が「福音主義」と名付けられたのはそれゆえである。ギヨームを補佐する副司教ルフェーヴル・デタプルによって聖書がフランス語に訳され、司教区民に配布された。サークルに属する説教師たちは、完徳への道として、福音書に立ち返るべきことを説いた。彼らの多くはギリシア語、ヘブライ語ができ、哲学的思考にもなじんでいたので、聖書を原典で深く読み込み、厳密な解釈を試みた。彼らの眼差しは、何よりもまず、イエス自身、彼の生涯、彼の人物像、彼の感情、彼の人間性に注がれた。司教ブリソネは、その司教区において、さまざまな改革や刷新を行った。典礼にフランス語を用いること、教区会議の回数を増やすこと、司牧のための個別訪問や巡回説教を行うこと。〈モー・サークル〉は人文主義者たちの結社であり、カトリックの公認教義にはあくまで忠実だが、教会の悪弊は厳しく批判する。霊的問題には厳しいが、教義的には平和協調主義を貫く。

マルグリット・ド・ナヴァルは、こうした人文主義的文化と霊的改革精神の融合、「聖なる愛と世俗の愛」の結びつきに心惹かれたのである。文人であり、悩めるキリスト者である彼女もまた、その著作[1]において、反教権的風刺という中世の文学的伝統に連なり、修道僧たちの風紀の乱れや高位聖職者の権力濫用を告発しながらも、公認教義を疑問に付すことはなかった。モーの霊的指導者と彼女のあいだで交わされた書簡集を読むと、大胆さと節度のバランスをうまくとりながらも、司牧の理想や改革・革新の精神にあふれた宗教的高揚の雰囲気がよく伝わってくる。平和協調を旨とするこうしたエラスムス的理想運動[2]が、もし一五二五年および一五三三〜一五三四年に彼らを襲った宗教弾圧第一波によって中断されなかったならば、フランスにおけるルター思想の受容も違ったものになっただろうし、近代フランス教会の相貌も変わっていただろう。

(1) 詩篇『罪深き魂の鏡』(一五三一)、小説『エプタメロン(七日物語)』(一五四二)など。

（2）デジデリウス・エラスムス（一四六六〜一五三六）、ネーデルランド生まれの人文主義者、カトリック司祭、神学者、哲学者。「キリスト者の一致と平和」を説く。

一五三四年　ヘンリー八世、「英国国教会の唯一至上の首長」

一五二五年以来、離婚問題が国政全般に悪影響を及ぼすなか、ヘンリー八世は、カンタベリー大司教トマス・クランマーと図り、ローマ教皇への臣従義務を一方的に解くことにした。一五三三年、大司教が王とキャサリン・オブ・アラゴンの結婚の無効を宣言し、王は愛人のアン・ブーリンと結婚し、彼女をイングランド王妃とした。翌年、議会で承認された法律によって、王は「アングリカン・チャーチと称される英国国教会の唯一至上の首長」という称号を得た。この「国王至上法」と呼ばれる法律に基づき、国王はローマの権威と決別し、神によって直接任じられた王であることをみずから宣言した。以来、王はイングランド王国の教会を完全に掌握することになる。司教を選び、任命する権利、教会関係の法律を制定する権利、聖職者にたいする裁判権、さらには教義に容喙する権利、すべてが王に集中した。それは、イギリスにおける教皇庁の徴税権と裁治権の撤廃を意味した。すべての役人、すべての聖職者が王に忠誠を誓わねばならなかった。いかなる抵抗も不可能で、抵抗すれば追放された。じっさい、ジョン・フィッシャー(1)とトマス・モア(2)は処刑された。

しかし根本において、この離反行為によってヘンリー八世が成し遂げたことは、あくまで教皇庁からの離脱であって、カトリック信仰を否認したというわけではない。教皇庁への一連の抗議運動を繰り広げながらも、英国国教は、ルター主義よりも、カトリックに近かった。分離後ただちに、七つの秘跡(3)、実体変化(4)、司祭の結婚禁止、さらには聖母マリアや聖人の崇拝なども教義として復活した。ヘンリー八世が成し遂げたことの革命性、革新性、近代性とは、ローマの権威にたいして裁治権の独立を勝ち取ったことにある。西欧教会において、教皇庁の支配を脱しようとする暗黙の動きが、ほかにもあちこちでうかがわれたが、それは、かならずしも教義や教理にかかわる問題ではなかった。イギリスでは、じつのところ、ローマと教皇庁の権威はずっと以前から失墜していたのであり、おまけに、二千キロという、近すぎもせず、遠すぎもせず、ほどよい距離ゆえに、もともとローマの支配からかなり自由であった。ヘンリー八世は、マキャヴェリアンの政治家クロムウェル(5)を重用し、教会支配を画策したが。それはマグナカルタ（一二一五年に発布された王権を制限する「大憲章」）への遅まきながらの復讐とも言えた。教義の問題は切り離し、裁治権だけを独立させる形でヘンリー八世が創設した英国国教は、キリスト教会の長い歴史のなかでも、異端なきシスマというきわめて特殊なあり方をしている。

（1）ジョン・フィッシャー（一四六九〜一五三五）、ロチェスター司教、枢機卿。
（2）トマス・モア（一四七八〜一五三五）、法律家、人文主義者、主著『ユートピア』。
（3）七つの秘跡とは、洗礼、堅信、聖体、赦し、病者の塗油、叙階、婚姻。
（4）ミサにおいて、パンとぶどう酒がその形色だけを残してキリストの体と血に変わること。
（5）トマス・クロムウェル（一四八五〜一五四〇）、ヘンリー八世の側近。国王秘書、総監督代理。

一五四〇年　イエズス会、ローマで認可される

アシジのフランチェスコと同じく、回心した兵士であるイグナチオ・デ・ロヨラは、『霊操』を書くことで、霊的観想の師となったが、一五三四年にはイエズス会を創設し、上長への絶対的服従を霊性の要とした。ローマに赴き、パウルス三世に会の認可を求めたときには、会は、カトリック教会から離れて行ったキリスト教徒を取り戻すことを最大の使命とし、ひたすら教皇に奉仕する旨、上申した。会が第二の飛躍を遂げたのは、一五四九年、司教の監督下から脱することによってであった。イエズス会士は教皇に無条件で服従するという第四誓願[1]を立てたのである。この二枚看板──信徒奪還の熱情と教皇への絶対服従──によって、イエズス会は、長期にわたって揺らぐことなく、トリエント公会議の改革理念の象徴であり、またその実現手段でもあり続けた。

キリスト教世界全体に広がる最初の修道会となるイエズス会は、一五五〇年頃には、すでに一万五千人を擁するまでになっている。それ以来、道徳神学問題（決議論、蓋然説[2]）をめぐるその時々の論争に巻き込まれ、近代におけるあらゆる宗教抵抗者たち（ジャンセニスト[3]、ガリカン派[4]、リシェ主義者[5]、その他）の攻撃の的になった。パスカルが辛辣な筆致で書いた批判書『田舎の友への手紙』の影響もあって、イエズス会こそフランスの道徳的腐敗堕落の元凶であるという神話が世に流布した。おまけに、イエズス会士はこぞってローマの回し者であり、イエズス会はローマ・カトリックの前衛部隊になったという集団妄想が生まれた。反イエズス会主義は、多かれ少なかれ、反ローマ主義と重なり、分裂の危機に陥って苦悶する教会内でうごめくさまざまな傾向の反体制派勢力の怒りのはけ口

となった。イエズス会の陰謀なるものは、そんな雰囲気のなかから生まれた奇想天外なでっちあげである。

（1）修道者が立てる三誓願「清貧・貞潔・従順」に付加されたことから第四誓願と呼ばれる。
（2）決議論は、宗教ないし道徳の規範を特殊・個別の事例に適用する際、類推によって一定の結論を得るための実践的な判定法。また蓋然説は、疑わしい事柄に関しては決議論者の権威に従って行動してよいという説。
（3）オランダの神学者ヤンセニウスを源泉として、ポール・ロワイヤル修道院を中心に展開された宗教運動の信奉者を指す。イエズス会と激しく対立した。
（4）教皇や国の権力からのフランス教会の独立を志向する人びと。
（5）神学者エドモン・リシェ（一五六〇～一六三一）の思想の信奉者。反権威的で、下層聖職者や一般信徒を重視する。

一五四一年　カルヴァン、ジュネーヴ改革派教会を創設

カルヴァンが起草した「教会規則」が、一五四一年、ジュネーヴ市参事会によって承認された。この規則は、カルヴァン教会のあり方を定めたもので、福音主義と初期ルター主義の流れを汲むものである。カルヴァンは、宗教生活を四つの職務を中心に組織運営することにした。説教し聖餐式を執り行う牧師、宗教教育を行う教師、信者たちの道徳風紀を監視し、訓戒を垂れる長老、そして貧者や病者の世話をする執事である。教会評議会である「長老会」が、市民共同体の霊的および道徳生活を監

督する。このように、堅固な教会組織を構築し、道徳生活を厳しく律することは、カルヴァンにとって、この世における〈教会〉の存在意義そのものであったが、それはおのずから、宗教共同体と政治共同体を一体視することに通じる。改革派教義の実現としてのカルヴァン教会は、同時に社会統制機関の役割も果たしたのである。

しかし時が経つにつれて、教会と国家をめぐるカルヴァンの政治理論も変化している。主著である『キリスト教要綱』（ラテン語の最終版は一五五九年、フランス語版は一五六〇年にそれぞれ出版）において、彼は世俗権力者との関係を再規定している。神だけが絶対服従に値する。この世の最高権力と衝突した場合、われわれは王の王である神にたいして優先的に服従する義務がある。世俗の王とその臣民のあいだには尊重すべき契約があるのだから、もし王がこの契約を破るなら、王はすでに暴君なのであり、臣民には暴君に抵抗する権利がある。このように、カルヴァンは政治に限界を設け、世俗権力を相対化し、王権の制限を理論づけようとしたのである。人民統治を説き勧めたわけではまったくないが（彼はその考えを拒絶している）、こうしたカルヴァンの考えは、ある意味において、立憲思想の広まりに寄与したと言えるだろう。そして立憲思想は、やがて民主主義の理想にもつながっていく。

一五五〇年　バリャドリッド論争

バリャドリッドのサン・グレゴリオ神学校で、カルロス一世[1]の命により、アリストテレス派哲学者ファン・ヒネス・デ・セプルベダ[2]とドミニコ会士でメキシコ・チアパス司教のバルトロメオ・デ・ラス・カサス[3]のあいだで論争が行われた。学識者、法学者、神学者からなる審判団をまえに、ひと月のあいだに二回、それぞれが論壇に立った。論争は、すべてがそれに収まるというわけではないが、象徴的意味合いにおいて、ふたつの説の対立に集約された。インディオ（インディアス先住民）とスペイン人の平等説と不平等説である。

セプルベダは、不平等は先天的なものであるとするアリストテレスの説を主張した。この説にしたがえば、奴隷は生まれつきであり、もともと主人より劣っている、したがって、優等者が劣等者を、つまりはスペイン人がインディオを、征服することは正当化される。反インディオの固定観念から、セプルベダは、他者、つまり自分とは違う存在は、つねに劣っていると断言する。彼は、奴隷制を、つまり力による支配を、正当化する。

これにたいして、ラス・カサスの平等説は福音書の教えに基づくものであり、平等こそキリスト教の原則であるとする。人間は皆、神に似せて造られたのであり、それゆえ、平等こそはあらゆる人間の法の根幹である。ラス・カサスはつぎのように言う――「アリストテレスよ、さらば！　キリストはわれわれに〈汝の隣人を汝自身のごとく愛せ〉と命じている」。

〈汝自身のごとく〉――ラス・カサスの提言のあいまいさはことごとくこの言葉に起因している。ラス・カサスの偏った平等解釈では、他者は自己に同一化され、他者性は自己同一性に還元されてしまう。たしかにラス・カサスは〈コンキスタドール[4]〉の暴虐を告発し、インディオの立場を擁護しているが、一方では、キリスト教を万人に当てはまる普遍的価値とみなし、キリスト教布教とインディオ民族の平和的植民地化を重ね合わせている。たしかに穏健な植民地化ではある。軍隊によるのではなく、宗教による植民地化。税もむやみに課さず、原住民に配慮した統治がなされる。しかし植民地化には変わりなく、インディオの人びとは「よき野蛮人」として服従を強いられる。ラス・カサスは、植民地イデオロギーを受け入れたうえで、その枠内において、奴隷制を、少なくともインディオの奴隷制を、否定しているにすぎない。彼はスペイン王に喜んで仕え、スペインの拡大政策に、すなわちアメリカをスペインに服従させ、インディオの人びとをキリスト教に改宗させることに、加担している。彼によれば、それこそ、奴隷化よりもはるかに効果的な植民統治なのである。

彼の寛大な精神、温和な慈愛心をもってしても、みずからの固定観念を変えることはできず、インディオの他者性を自己同一性に還元してしまった。つまり彼もまた、外部の他者性を、キリスト教に回心させることによって、消し去ってしまおうとしたのである。自己超越と〈他者〉の顕現（エマニュエル・レヴィナス(5)）の時代は、この十六世紀には、まだ到来していなかったのだ。しかし、アメリカ大陸の発見とその征服の歴史は、その先ぶれであったとも言えるだろう。

（1）カルロス一世（一五〇〇〜一五五八）、スペイン王（在位一五一六〜一五五六）。しかし彼はカール五世として神聖ローマ帝国皇帝（在位一五一九〜一五五六）でもあった。
（2）ファン・ヒネス・デ・セプルベダ（一四八九〜一五七三）、スペインの神学者、哲学者。
（3）バルトロメ・デ・ラス・カサス（一五六六没）、スペイン出身の司祭、のちにドミニコ会員、主著に『インディアス史』、『インディアス文明誌』。

(4)十五世紀から十七世紀にかけてのスペインのアメリカ大陸征服者・探検家を言う。
(5)エマニュエル・レヴィナス(一九〇六〜一九九五)、フランスの哲学者、現象学研究、タルムード研究。全体性・自己同一性に還元され得ない無限としての〈他者〉をめぐって、独自の倫理学を展開する。

一五五五年　カール五世の退位宣言

「太陽が沈むことのない帝国」の皇帝カール五世は、みずから退位を宣言し、その数か月後、エストレマドゥーラのユステ修道院に隠棲した。生涯の終わりを飾るみごとなふるまいと言えよう。退位宣言は、一五五五年九月二十五日、ブリュッセルで行われた。時刻は午後三時頃、ちょうどキリストが十字架上で事切れた時刻であったと年代記や当時の歴史資料は語っている。特筆すべきは、同じ日にアウグスブルクの和議が調印されたことである。この条約は、「ひとりの君主のもとにひとつの宗教(cujus regio, ejus religio)」という原則のもとに、ルター派信仰をカトリック信仰と法的に対等なものとして認めることを趣旨とする。臣民は自分の宗教を自由に選ぶことができるが、領主の宗教と異なる場合は、ほかに移住しなければならない。かくして、信教の自由が初めて公的に認められたことになる。この妥協によって、神聖ローマ帝国の長期にわたる宗教的統一は決定的に失われた。

当時の人びとは動揺し、不審に思った。それは退位した皇帝(caesar abdicans)の魂の偉大さを示すものなのか(モンテーニュ)、それとも心の弱さを示すものなのか(ブラントーム)? ともあれ、カール五世の退位は、勢力が弱まると権力の座に倦み疲れてしまうことの道徳的範例（exemplum）であり続けている。彼は師アドリアン・フロリス（ユトレヒトのアドリアン）の教えに最後まで忠実であったと言えよう。師アドリアンは、のちに教皇となりハドリアヌス六世を名乗ったが、「最高権力者ほど不幸な者はいない」とつねづね言っていた。

もっと深い意味において、カール五世の退位は、ひとつの夢が失敗に終わったことを物語っている。宗教統一とキリスト教王国実現の夢。そしてプロテスタントの攻勢からカトリックを守り、反抗する臣民たちを再回心させるという夢。一言で言えば、帝国的メシア思想とキリスト教世界の勝利の夢である。しかし、この夢はまさに中世的と言わねばならない。多くの歴史家が書いているように、カール五世は、中世の皇帝たちの最後の生き残りであり、もうひとりのカール、すなわちシャルルマーニュ（カール大帝）の偉大な影にとらわれていた。彼の信仰心や敬虔さと同様、感受性もまったく中世的であり、最高権力を放棄した彼の崇高なふるまいも、この世をはかなんで隠棲するという長い霊的伝統に従ったものである。彼のふるまいは、こうした中世的伝統に照らしても、明らかに宗教的であった。しかも、それは神秘的とさえ言える。というのも、絶対的無欲の信仰心から、栄光を投げ捨てることによって、彼は英雄的栄光に達したのだから。いずれにせよ、カール五世の退位は、中世キリスト教世界の終焉を意味した。

一五六三年　大村純忠の受洗

大村純忠（一五三三〜一五八七）は侍であり、九州の小大名であった。島原半島南部日野江城の有馬家に生まれた。一四九〇年代以降、将軍の政治力、軍事力はもはや実効力を失っていたし、また将軍に権力を移譲した天皇はみずからの軍隊を持っていなかったため、日本は無数の抗争、陰謀、裏切りの渦巻く乱世となっていた。誰もが自分の力に頼るしかなかった。純忠も、領主になると早速、競合する大名たち、また陰謀をたくらむ家臣たちの標的とされた。政治的弱体に加えて、経済基盤も弱体であったために、彼は領地拡大を目論んで戦った。九州近隣の諸大名も、同じように、乱世を生き延び、また日本を取り巻く状況に対応すべく、それぞれに苦心していた。ポルトガルや中国の商人が頻繁にやってくるようになり、銀の輸出も急増した。また外国商品（火縄銃、生糸、絹織物、小間物など）の国内需要が高まっていた。

このように誰もが競い合う新しい時代の動きを目の当たりにした純忠は、一五六一年、ヨーロッパから来た外国人との折衝に臨んだ。彼らは、彼の領地のはずれに位置する横瀬浦に新しい港を建設してほしいと申し出た。じつは、ポルトガル商人ルイス・デ・アルメイダ——彼はそれから数年後にイエズス会員になる——が、すでに一五五二年、横瀬浦に目を付けていたのであり、それを踏まえて、横瀬浦にポルトガル船舶が入港できるような国際港を開くことを大村家と交渉したわけである。ルイス・デ・アルメイダは、純忠が初めて出会ったヨーロッパ人であった。純忠が改宗し、「日本で初めてのキリシタン大名」になったそのきっかけは、このように、横瀬浦の新港開設の問題だったのである。一五六二年の開港は、それゆえ、イエズス会、ポルトガル商人、そして大村領の武士たち、この三者の結託の成果と言ってよい。とはいえ、イエズス会士たちは九州の他の諸大名にも働きかけており、かくして、日本の大名が先を争うようにして彼らと交渉した。宣教事業と商業的進出がペアになっていたのである。

大名純忠とイエズス会司祭トーレスとの議論に関する記録は、漠然としたところが多いとはいえ、外国から来た宣教師たちが近隣やライバルの大名たちと接触したといううわさを聞くごとに、宣教師たちがどんな話をしたのか、純忠が深い関心を示したことを伝えている。だとするなら、純忠の改宗は「純粋な信仰心」(N・クアメ)からではなく、まったくの政治的計算だったのだろうか。ともあれ、一五七四年以降、純忠は家臣たちを改宗させ、領内の宗教的伝統をすべて廃止し、また廃棄させた。仏像を焼き、僧坊を破壊した。わずかに、自家の宗教的習慣に結びつくいくつかの伝統行事だけが残された。純忠と宣教師は、互いに承知のうえで、芝居を演じ合っていたと言うべきだろうか。イエズス会士ルイス・フロイスが書いた『日本史』にも純忠の話が出てくるが、純忠の改宗にいたる筋書きのあいまいさを隠そうとはしていない。日本カトリック教会の正史の記述とは異なり、純忠の受洗はカトリック宣教活動の日本における最初の――つまりは一五四九年にフランシスコ・ザビエルが鹿児島に到来して以来の――勝利でもなければ、日本の全民衆の改宗に向けての希望の星でもなかった。それは日本の弱小大名の生き残り戦術だったのであり、一方ではまた、ヨーロッパとはまったく異なる文化を持つ社会で宣教活動を行うにはそれなりの妥協や便法も必要になってくることを物語っている。

一五六四年　トリエント公会議教令の施行開始

一五四五年十二月十三日に始まったトリエント公会議は、一五六三年十二月四日、荘厳ながらも朗らかな雰囲気のうちに散会した。会議は三期にわたって（一五四五～一五四七、一五五一～一五五二、一五六二～一五六三）行われ、教義面（信仰と善行による義認、原罪、秘跡、ミサ聖祭、結婚など）と規律面（神学校での聖職者教育、上位聖職者の綱紀粛正、司教の定住義務など）にわたって、詳しく検討された。これ以降、一八七〇年まで、およそ三世紀にわたって、公会議が開かれることはない。一五六四年一月二十六日、教皇ピウス四世は、勅書「ベネディクトゥス・デウス（*Benedictus Deus*）」において、トリエント公会議の決定事項を確認し、決議書を承認したうえ、諸侯、諸君主にその教令をすみやかに施行すべきことを勧告した。

ポルトガルとポーランドでは、トリエント教令はすんなり受け入れられたが、スペイン王フェリペ二世は、一五六四年、「わが王国法に適合するかぎりにおいて」受け入れることをおごそかに宣言した。ドイツでは、教義と典礼に関しては受け入れを認めたが、規律面に関しては留保された。一方、フランスは、とりわけ大学および高等法院において、ガリカン主義の勢力が強く、トリエント教令はガリカン的伝統と「フランス教会の自由」を阻害するものとして、その受け入れに消極的であった。

ところが司教団は、一六一五年、王からの宗教的独立を図り、教会自治の方針を打ち出した。つまり、王国が政治的にそれを受け入れるか否かにかかわらず、教会は教令を受け入れ、それを施行することにしたのである。じつのところ、「トリエントの波」（M・ヴナール）は、ずっと以前から、トリエント改革派の高位聖職者の尽力によって、また管区および司教区の教会会議や聖職者総会などを通じて、教会の慣習や風紀に浸透していたのである。

それゆえ、再検討すべきなのは、むしろ、トリエント後の全教会史であり、その重要さは、公会議そのものの重要さにけっして劣らない。トリエント公会議以降、教会はいかに近代化の問題に対応してきたのか？「トリエント主義」という言葉が意味するのは、ローマ中心主義の幻想形態ともいうべき一種の中央集権的教会論であるが、その法精神やイデオロギー体系は、トリエント教令そのものと正確に一致しているわけではない。トリエント公会議が打ち出した教令とその具体化としてのトリエント主義のあいだにはかなりの相違がある。しかも教会は、第二ヴァチカン公会議においてもなお、このトリエント主義から脱するのに苦労している。要するに、トリエント公会議の閉幕は、教会にとってひとつのサイクルの到達点であったどころか、出発点であった。トリエント教会論から教令が生まれたものではなく、むしろ教令がそれを新たに作り出したのである。

トリエント精神の核心にあるのは、はるか昔にさかのぼるローマ中心主義であり、〈教皇権至上主義〉の復活である。かくして、君主国家の理論家たちがまだ絶対主義以前の考え方にとどまっているところに、突如、教皇統治を一種の絶対主義として受け入れることを求められたわけである。当然ながら、トリエント精神は、宗教戦争後のふたつの権力、すなわち俗権と聖権のあいだの緊張をふたたび高めることになった。教皇領の統治者でもある教皇はふたつの権力をひとつのものとして考えようとするが、フランスやイギリスの王は、世俗の主従関係から宗教的要素を一掃すべく、両者を切り離そうとする（ナントの勅令や一六二六年の国務諮問会議決定）。

ポスト・トリエント精神は、近代化に抗うことによって、逆に政治と宗教の関係を疎遠にしてしまったと考えることもできよう。その結果、教会と国家の分離という事態となり、ライシテ（非宗教性）という考えが生まれる。今日、カトリック教会において、またその正史編纂において、トリエント・カトリシズムという概念が復活しているが、それはあくまで宗教次元の問題としてである。

一五七二年　ガスパール・ド・コリニー、聖バルテルミー祭の夜、暗殺される

「一五七二年八月二十四日日曜日、聖バルテルミーの祝日。その日、パリの街路は〈まるで雨がたくさん降ったみたいに〉――首都に立ち寄ったストラスブールの一市民はそう記している――湿っていた。しかし、街路に光っていたのは、雨ではなく、血であった」（A・ジョアンナ）。事件の経緯についてはよく知られている。王顧問会議は王シャルル九世に影響力を持つ名門貴族でプロテスタント有力者のふたりによって牛耳られていた。ルイ・ド・ブルボンとガスパール・ド・コリニーである。コリニーは、スペインにたいするオランダ人の反乱(1)を援護すべきことを主張したが、熱心なカトリッ

クであったギーズ家が強く反発した。カトリックの国に宣戦布告して、教皇の愛顧を失いたくなかったのである。八月二十二日、コリニーが襲撃され、銃撃を受けて軽傷を負った。[2] この失敗に終わった襲撃は、おそらくギーズ家と結託したカトリーヌ・ド・メディシス[3]が命じたものであり、またその背後にはスペイン王フェリペ二世がいたと思われる。

ともあれ、この襲撃がパリ中を恐慌状態に陥れた。折しも、アンリ・ド・ブルボン[4]とカトリーヌ・ド・メディシスの娘で王シャルル九世の妹であるマルグリット・ド・ヴァロワの結婚式のためにプロテスタント貴族が大挙してパリに来ていた。プロテスタント側からの報復を恐れ、その先手を打つ形で、党派的遺恨からか、政治的計算からか、プロテスタント有力者たちを皆殺しにすることが、二十三日から二十四日にかけての夜、決定された。ところが思いもよらぬことに、この皆殺し事件をきっかけに、それをはるかに上回る「第二の聖バルテルミー」ともいうべき恐るべき事態が発生する。民衆を巻き込んだ無差別殺人が、パリばかりでなく地方にも広がり、国中が衝動的暴力、制御不能な熱狂、妄想的な過激行動に震え上がった。

この時以来、歴史家たちもまた、国を揺るがしたこの大事件をいろいろに解釈しようと情熱を傾けてきた。さまざまな学派が対立し、解釈の幅も真逆になるほどに広がっている。カトリーヌ・ド・メディシス、あるいはシャルル九世、あるいはギーズ家の差し金によるマキャヴェリ的な国家犯罪であるとする歴史家も多く、それが伝統的解釈である。しかし最近、聖バルテルミーは「人道的犯罪」であったとする解釈も出てきた。それによると、シャルル九世はプロテスタント指導者たちの暗殺の責任をみずから取ったが、それは王国の平和を守るためであった。しかしこの解釈は、王の責任を正当化するためのいわば撞着論法ではあるまいか？　融和政策が発端だったとすることで、集団恐慌を引き起こしたこの事件の説明がつくだろうか？　ともあれ、論争は決着するどころか、歴史家たちのあいだだけでなく、プロテスタントとカトリックの両教会においても、事件以来、数世紀を経て今日にいたるまで続いており、一向に収まる気配はない。

（1）一五六八年から、ネーデルランド諸州はスペインにたいして反乱を起こした。いわゆる八十年戦争、オランダ独立戦争とも言われる。
（2）この時は軽傷で済んだが、結局、八月二十三日から翌日にかけての夜、彼もまた暗殺される。
（3）カトリーヌ・ド・メディシス（一五一九〜一五八九）、アンリ二世の后、シャルル九世の母后、幼い王の摂政として政治を担っていた。
（4）アンリ・ド・ブルボン（一五五三〜一六一〇）、後の国王アンリ四世。

一五七九年　ディエゴ・バラデス、『キリスト教修辞学』を出版

一五六八年以来[1]、ローマでは新世界への関心が高まっていた。教皇庁は、直接情報を得ようとして、ヌエバ・エスパーニャ[2]から戻った混血のフランシスコ会士ディエゴ・バラデスを教皇庁駐在フランシスコ会代理官に任命した。彼は、一五七九年、ペルージアで、説教教本『キリスト教修辞学（*Rhetorica Christiana*）』を出版した。この本はローマと新世界との新たな関係を示している。フェリ

ペ二世を敬遠し、スペイン王国ではなく、教皇に支援を求めたバラデスは、その見返りとして、教皇庁がアメリカ教会に影響力を持ち得るよう尽力した。というのも、一四九三年の一連の勅書によってスペイン王に特権を与えてしまって以来、アメリカ教会は教皇庁の法的支配下にはなかったのだ。

ディエゴ・バラデスは、コルテス家[3]とも関係の深いコンキスタドールとそのエンコミエンダ[4]に住むインディオの女性とのあいだに非嫡出子として生まれた典型的な混血である。トラスカラ[5]から、メキシコ、セビリア、パリ、マドリッドを経て、ローマに来た彼の軌跡は、新大陸のみならず、北欧、さらにはアジア（とりわけフィリピン）にまで広がったスペイン勢力圏を聖職者たちが自在に移動していた当時の政治状況を如実に物語っている。その著書において、バラデスはヨーロッパの読者たちに、ヌエバ・エスパーニャの珍しい風俗などではなく、形成されつつあったクレオル社会のイメージを提示したいと願った。彼は、スペインの属国ではない、自立したアメリカを思い描いていた。民俗学をしっかり身に付けたバラデスは、みずから率先して、アメリカの将来は現地で生まれ、現地で教育を受けた者たちのものであることを示そうとしたのだ。スペインが、新大陸の伝道と植民地化を、個人の裁量に任せるのをやめ、国が一括管理すべく、政策転換を図ろうとしていた矢先に、フランシスコ会が教皇庁に推奨しようとしたのもこのモデルであった。つまり、教皇庁が相手にすべきは、インディオでも、スペイン人でもなく、将来有望なこのクレオル社会だということである。

（1）一五六八年に教皇となったウルバヌス八世は、ヨーロッパ以外の伝道にも熱心であった。

（2）ヌエバ・エスパーニャ副王領、現在のメキシコ、中米、コスタリカ。

（3）スペインのコンキスタドールで、メキシコ高原にあったアステカ帝国を征服したエルナン・コルテスの家系。
（4）エンコミエンダ制とは植民地住民支配の制度である。ここではその制度下の農園を指している。
（5）メキシコの州のひとつ。

一五九三年　アンリ四世、プロテスタント信仰を捨て、カトリックのミサを受ける

「パリはミサに値する」——この言葉は有名である。両親がプロテスタントの大公アンリ・ド・ナヴァルはブルボン家の出であった。当時、国王であったアンリ三世（アンリ・ド・ヴァロワ）は世継ぎがなかった。彼は、死に際に、ギーズ家やスペイン王族ではなく、このブルボン家の若殿に王位を託した。とはいえ、彼がプロテスタントであるかぎり、王位には就けなかった。一五九三年七月二十五日、サン＝ドニ大聖堂で、彼はプロテスタント信仰を放棄し、カトリックに改宗した。その翌年、シャルトル大聖堂で聖別式が行われ、正式にフランス王となり、ようやくパリに入城することができた。

「パリはミサに値する」という有名な言葉は、ほんとうにアンリ四世が言ったのか、それを言ったのは王の側近で顧問官のシュリー公だったのではないか、そうした論争もあるが、些末な問題である。また、アンリ四世のプロテスタント信仰は本物だったのか、さらにはプロテスタント信仰を捨ててカトリックに改宗したのは本心からだったのか、そうした議論もさして意味があるとは思われな

い。この事件によって再認識、再確認させられるのは、国王の宗教はカトリックでしかありえない、しかも聖別式はかならず行わなければならない、この二重の大原則である。この二重の原則からブルボン朝の絶対主義が生まれたのである。この絶対主義は、宗教間の抗争をはるかに超えたところに、聖別された王権を位置づける。それゆえ、臣民と神の仲介者の役割を果たすという点において、王は教会と肩を並べる存在なのである。宗教戦争の終わりを告げるアンリ四世の改宗によって、フランス王政は、いっそう神聖なるものとして蘇った。それは、教会と同じく、政治機構であると同時に宗教機構にもなったのであり、それゆえまた、ローマ教会との関係をふたたび修正しなければならなくなった。

一六〇一年　マテオ・リッチ、北京にたどり着く

イタリア出身のイエズス会士マテオ・リッチは、一五八二年、宣教師としてマカオに派遣された。彼の公的な任務は、中国皇帝の臣民をカトリックに改宗させることであった。しかし、臨機応変の才豊かなマテオ・リッチは、イエズス会独自のやり方で、柔軟に布教活動を進めようとした。いわゆる文化的同化策である。彼は儒者の服装をして、一六〇一年、北京の宮廷に入り込むことに成功した。教養豊かで洗練されたエリートたちの溜まり場である宮廷を、中国布教の拠点にしようと考えたのだ。布教にあたって、このイエズス会士は、キリスト教の脱西欧化と宗教的基礎概念の中国化に努

めた。たとえば、神について語るのに、中国文学の語彙を用いたり、儒教の宗教原理を活用して、キリスト教の教義体系と儒教のそれの相同性を明らかにしたり、キリスト教の全体像を説明するのに、中国哲学の展開方法を取り入れたりする。たちまち皇帝と宮廷の文人たちの興味や関心を惹きつけたが、じっさい、彼は優れた学者であり、数学や天文学、さらには地図学の知識によって、人びとを驚嘆させた。彼の布教活動は、〈君主の友〉（それが宮廷での正式称号であった）となり、中国文明に心酔したひとりの人間の省察という形で行われたのである。

彼が亡くなったときには、すでに二千もの受洗者がいたが、それはすべて社会的エリートや宮廷人であった。彼の伝道は、エリートたちを通したいわば上からのもので、寛容を旨とし、中国的価値を広く受け入れつつ、文化の受容や適応を通してなされたが、しかしこうしたやり方は、あとから中国にやって来たドミニコ会やフランシスコ会、さらにはパリ外国宣教会[1]などの宣教師たちによって、厳しい批判にさらされることになる。彼らは、いわば〈タブラ・ラサ〉[2]の手法を望んだのである。こうして伝道のふたつの形態が衝突し、やがて、カトリック帝国主義の手法か、あるいは他者を迎え入れる平和な文化的同化の手法か、という「典礼論争」[3]に発展する。

（1）パリに本部を置く宣教会で、一六五三年にフランソワ・パリューによって創設され、おもに東アジアの宣教を担当する。

（2）白紙状態にすること、一掃すること。

（3）十七世紀から十八世紀にかけてカトリック教会内で行われた、中国の伝統文化（典礼）とキリスト教とのバランスをどうとるかをめぐっての論争。

一六一五年　レコレ会宣教師、ヌーヴェル・フランスに到着

　レコレ会は、十六世紀の終わりに、フランシスコ会の改革一分派として誕生したが、その修道士たちが、ヌーヴェル・フランス（ケベック、トロワ＝リヴィエール、そしてモントリオール）に宣教師として派遣された。ヌーヴェル・フランスには、十六世紀の後半になってようやく、バスクあるいはフランスの海運業者が出資した漁場開拓団に随行して、何人かの司祭が入り込んだだけであった。オンフルールを出発した四人のレコレ会宣教師は、一六一五年、セントローレンス河の岸辺にたどり着き、アルゴンキン族[1]と出会った。しかしそこには、一六二二年から、すでに何人かのカプチン会修道士がいた。イエズス会士がやって来たのは一六二五年のことである。リシュリュー[2]は「百人合資会社[3]」を一六二七年に設立し、四千人のカトリック信者をカナダに送り込んだ。教皇庁が、布教聖省（Sacra Congregatio de Propaganda Fidi）を通じて、北アメリカの伝道事業に関心を向けたのは、ようやく一六三〇年代になってからのことである。しかも、文書を通じて伝道許可を与えただけであり、それがヌーヴェル・フランスと教皇庁を結びつける唯一の法的つながりであった。

　レコレ会宣教師がカナダに滞在したのは断続的とはいえ（一六一五〜一六二九、ついで一六七〇〜一六八九）、滞在したことは確かである。彼らのやり方は独特だった。先住民を混血と植民地共同体への定住化によってフランス人化しようとしたのだ。先住民には敬意を払い、洗礼を授けることにも慎重で、何よりもまず、彼ら自身をよく知ろうとした。この伝道計画は、イエズス会のアメリカ先住民にたいする伝道コンセプトとは対照的であった。イエズス会士たちも、たしかに理想社会を目指し

てはいたが、それは人種隔離を原則としており、あくまで征服者の立場に立つものであった。

レコレ会宣教師たちのヌーヴェル・フランスでの宣教活動の困難な歴史、しかも埋もれた歴史――記録は一七九六年に焼かれてしまったとされている――は、ローマ教会内部の政治的対立の歴史が、遠い新世界での地味な伝道の舞台に反映されたものでもあった。ローマ教会がじっさいにアカディア地方[4]の伝道に関心を持つようになったのは、ニューイングランドにイギリスのピューリタンがいることを意識してからのことであり、そこで、現地で勢力を増しているピューリタンの拡張主義に対抗しようとしたのである。ローマの教皇庁にとっても、またフランス王国政府にとっても、アメリカ先住民の改宗は伝道の至上目的ではまったくなく、両者とも、さほど関心を持たなかった。両者の関心は、もっぱら、イギリス・ピューリタニスムに対抗してヨーロッパ・カトリシズムを拡張拡大することに向けられていたのであり、新大陸での局地戦はその反映にほかならなかった。

ガブリエル・サガール、クレティアン・ルクレール、あるいはルイ・アンヌパン[5]などが書いた探検記によって、レコレ会士の伝道活動の変遷をたどることができる。最初はもっぱら伝道を使命としていたレコレ会は、王（レコレ会を支援し、イエズス会の現地での活動を制限していた）と司教団（イエズス会を支援する）の権力抗争によって翻弄されることになる。一六六三年から一六七〇年代にかけて、ヌーヴェル・フランスにおけるフランス王の宗教代理官ともいうべきフランソワ・ド・ラヴァル[6]の存在によって、当地のフランス教会はまさにガリカン教会の出先機関になってしまった。とりわけ、レコレ会士たちが従軍司祭を務めるようになってからは、その傾向が強まった。北米でのフランス人による宣教活動からローマが手を引き、やがては関心すら抱かなくなったのも、それゆえである。ヌーヴェル・フランスにおけるレコレ会士たちの歴史は、一見するところ、さして重要ではないし、資料も少ないとされている。司教団とイエズス会、このふたつの勢力は、ガリカン的になりすぎたレコレ会の存在を正史から抹殺しようとしたのである。資料改ざんと歴史的隠蔽によって、ローマ教会への批判を未然に封じ、面目を取り繕ったのだ。

(1) 北アメリカに居住する先住民族。
(2) リシュリュー(一五八五〜一六四二)、枢機卿、一六二四年からルイ十三世の宰相を務めた。
(3) ヌーヴェル・フランス会社の別名。北アメリカのフランス植民地化を促進するために設立された。
(4) 北米東部大西洋岸の地域。
(5) ガブリエル・サガール(一六一四〜一六三六)、クレティアン・ルクレール(一六四一〜一六九八以後)、ルイ・アンヌパン(一六二六〜一七〇五)、いずれもレコレ会宣教師。
(6) フランソワ・ド・ラヴァル(一六二三〜一七〇八)、初代ケベック司教。

一六四八年　教皇インノケンティウス十世、ウェストファリア条約の条項に異を唱える

教皇インノケンティウス十世は、小勅書「ゼロ・ドムス・デイ(*Zelo domus Dei*)」(一六四八年十一月二十六日付)において、ウェストファリア条約(一六四八年十月二十四日)を批准することを拒否した。条約の宗教条項に異を唱えたのである。ウェストファリア条約のうちのひとつであるミュンス

ター講和条約は、神聖ローマ帝国内での三つの信仰、すなわちカトリック、ルター派、カルヴァン派を等しく認めている。ミュンスター条約はまた、一五五五年にアウグスブルク会議で定めた「ひとりの君主のもとにひとつの宗教（cujus regio, ejus religio）」の原則を再確認し、それぞれの君主にはみずからの宗教を臣民に課す権利を認めるとともに、それと異なる宗教を選ぶ臣民にはよそへ移住する権利を認めている。インノケンティウス十世が糾弾したのは、まさにその点であった。この原則に則れば、宗教はそれぞれの国の裁量事項となり、帝国に属する三五〇の領邦に完全な主権を与えるとともに、宗教教義を受け入れるかどうかも、それぞれの国の自由になってしまう。条約は、三宗派の平等に加えて、教会裁治権は他宗派の国には及ばないとしている（カトリック国からプロテスタント国へ、またふたつのプロテスタント国のあいだ）。こうして、ローマはヨーロッパの政治にたいする影響力の一部を失ったのである。

つまるところ、ウェストファリア条約は、ハプスブルク家オーストリアの拡張政策と教皇ないし教皇大使の政治介入に終止符を打つことによって、神聖ローマ帝国内でのカトリック改革の完全な失敗とプロテスタンティズムの勝利を決定づけた。ヨーロッパに公法の意識が目覚めることによって、ドイツにおける帝国と教皇庁の影響力はおのずから弱まっていく。

一六五六年　パスカルの『プロヴァンシアル』の刊行が始まる

「一六五六年はわれわれにとって大きな意味を持つ年である。［……］新しい世界が出現した。暗い側面としては、「信仰宣誓書」[1]、権利問題と事実問題[2]の混同、そしてアルノー[3]の除籍があった。輝かしい側面としては、パスカルの登場、彼を支持する世論、ふたつの道徳観が繰り広げる死闘があった。」こんなふうに、十九世紀の中頃、サント＝ブーヴは『プロヴァンシアル（田舎の友への手紙）』をひとつの革命だったと述べている。一六五六年の時点において、ジャンセニストたちはすでに一度敗れていた。一六五三年に発布された教皇勅書「クム・オカジオーネ（*Cum occasione*）」において、恩寵と自由意志に関するヤンセニウスの思想に帰せられる五つの命題が異端とされたのである。マザラン[4]は、慎重意見もあったものの、ソルボンヌ、高等法院、さらには司教団の同意を得て、この勅書を批准した。それにたいして、アントワーヌ・アルノーは、たしかに五つの命題は断罪に値するが、しかしそれらはヤンセニウスの書物には見出せないとして、権利問題と事実問題を区別すべきことを訴え、教皇庁といえども、事実問題では過つこともあると主張した。だが、マザランは攻撃の手を緩めなかった。アルノーはソルボンヌに呼び出され、「ヤンセニウスの事実」が断罪されたことで、アルノーは大学から追放された。彼は、ポール・ロワイヤル・デ・シャン修道院の「グランジュ（付属農場）」に隠遁した。これでジャンセニスムは終わりかと思われたが、そうはならなかった。まさに『プロヴァンシアル』のおかげである。

じっさい、この「小さな手紙」によって、ジャンセニスムは一部の知的エリートから世論に広がっていった。ブレーズ・パスカルは、見かけに反して隠遁者ではなく、ポール・ロワイヤルの紳士たちとも親しかった。切れ味鋭い文体と深い確信によって、パスカルは蓋然説、寛容主義、モリニスム(5)などの弛緩した道徳論を、一刀両断にする。彼は、ジャンセニスト的アウグスティヌス主義の勝利をいっそう確かなものとするべく、イエズス会士たちの道徳こそがその弛緩した道徳なのだとする巧みな論陣を張り、それが目覚ましい成功を収めた。最初の手紙が出版されるとすぐ、論争は世に広まり、世論が沸いた。『プロヴァンシアル』は、パスカルが論争の天才――シャトーブリアンは「恐るべき天才」と称している――であったことを証しており、その筆先には憤りと皮肉が込められている。文学の傑作である『プロヴァンシアル』は、文学が世論（当時は教養階層にかぎられていたが）を征服した画期的実例のひとつとなった。上流社会の支持を必要としていたイエズス会士たちは愚弄された。ラシーヌは当時の決疑論者たちの狼狽ぶりを伝え、彼らは「すべての紳士たちの嫌悪と嘲りの対象」になったと書いている。彼の天才に加えて、奇跡が起こった。一六五六年三月、パスカルの姪であるマルグリット・ペリエの涙腺炎が、パリのポール・ロワイヤル修道院に聖遺物として納めてある「聖なる茨」によって快癒したのである。この事件は、神がジャンセニスムの味方をしてくれたものとして解釈された。すでに盛り上がっていた世論（権力側は盲目の力にすぎないとあなどっていたが）は、これによって決定的にジャンセニスムの側に傾いた。それ以来、十八世紀にいたるまで、ジャンセニスムは、トリエント改革精神を厳格に実現しようとする一流派として、また「ローマ・カトリック主義にたいする反動、いわば反バロック運動」（F・ヒルデスハイマー）として、強く支持されてきた。その証拠に、『プロヴァンシアル』は、一六六〇年、禁書とされている。

（1）勅書「クム・オカジオーネ」に付された同意書。フランスの全聖職者は、ヤンセニウスの思想を断罪するというこの誓約書に無条件で署名することを迫られた。

（2）つぎに見るように、ヤンセニウスの思想に帰せられる五つの命題が異端とされたことに関して、アルノーが、たしかに五つの命題は断罪に値するが（権利問題）、それらはヤンセニウスの書物には見出させない（事実問題）として、権利問題と事実問題とを区別すべきことを訴えたことを踏まえている。

（3）アントワーヌ・アルノー（一六一二〜一六九四）、神学者、哲学者、数学者、論理学者、言語学者、ジャンセニスムの中心的人物。

（4）ジュール・マザラン（一六〇二〜一六六一）、ルイ十三世が死去して、摂政となった太后アンヌ・ドートリッシュの相談役兼ルイ十四世の教育係を務め、実質的な宰相であった。

（5）スペインのイエズス会士ルイス・デ・モリナが説いた恩寵と自由意志を等しく認める思想。

一六九七年　キエティスム──フェヌロン対ボシュエ

神への自己放棄を説く神秘主義であるキエティスムは、もともと、政治問題になるような性質のものではなかった。ところが、その主導者であったギュイヨン夫人(1)が宮廷の信仰厚い人びと──フェヌロン(2)をはじめ、シュヴルーズとボーヴィリエのグループ(3)、マントノン夫人(4)の庇護を受けていたサン＝シル女学院の生徒たち──をつぎつぎに心酔させたことから、国としても無関心ではいられなくなった。ボシュエ(5)は、公認神学の正統性と王政への絶対服従を守るべく、キエティスムを厳しく批判した。彼は、神にたいする無私の愛という教理を批判し、神を愛することにご利益を求めても罪にはならないと断言した。この「純粋な愛」論争には、十七世紀末の霊性思想の特徴がよく表れている。相反するふたつの神観の対立から、相反するふたつの世界観、ふたつの霊的生活の理想像、ふたつの教会帰属意識、ふたつの教会論、そうした対立も並行して生まれる。一方には、ボシュエに代表される理性中心主義者たちがおり、堅固な信仰心と王国への揺るぎない忠誠心を特徴とし、神秘思想家たちには敵意を抱き、彼らを信用しない。他方の代表者がフェヌロンである。彼はギュイヨン夫人の神秘体験(受動的状態、忘我の神秘、自動記述)[6]に共感し、彼女の弁護を引き受け(『聖人たちの箴言解説』、一六九七年)、太陽王の絶対主義を批判する(『テレマックの冒険』、一六九九)。ところが、一六九九年、ボシュエの教唆により、教皇がフェヌロンの『聖人たちの箴言』を発禁処分としたことで、「神秘主義者たちのたそがれ」(L・コニエ)を迎え、霊性の分野でも、主知主義と論証精神が勝利を収めることになる。

(1)ギュイヨン夫人(一六四八~一七一七)、神秘思想家、キエティスム(静寂主義)の主導者のひとり。ローマ教会から異端とされた。
(2)フェヌロン(一六五一~一七一五)、神学者、作家。パリおよびカンブレー大司教。ブルゴーニュ公の家庭教師を務めた。
(3)いずれも名門貴族であるシュヴルーズ公とボーヴィリエ公は、義理の兄弟同士でもあることから、ひとつのグループを形成し、宮廷で重きをなしていた。
(4)マントノン夫人(一六三五~一七一五)、ルイ十四世の妻(ただし王妃ではない)、ふたりの関係は秘密結婚であった。
（5）ボシュエ（一六二七～一七〇四）、司教、神学者、ルイ十四世の宮廷説教師を務めた。
（6）意識や意志を介在させず、自動的に文章を書くこと。

一七一三年　教皇勅書「ウニゲニトゥス」

モンペリエ司教コルベール・ド・クロワッシーは、「イエス・キリストに始まるキリスト教会史における最大の事件」だとして、この勅書を糾弾した。勅書「ウニゲニトゥス（*Unigenitus*）」は、ルイ十四世の要請で、クレメンス十一世が一七一三年九月八日に発したものである。勅書はケネル[1]の著書『道徳的考察』（一六八二）から引き出した百一の命題を断罪している。この著作の評価をめぐって、フランス司教団が分裂状態に陥ったため、ルイ十四世は教皇の裁定を仰ぐことにしたのである。命題に含まれるジャンセニスム――それは仕立て上げられたジャンセニスムにほかならないが――をきっぱり断罪することで、この高圧的な勅書は教皇の不可謬性を誇示している。

しかしそれだけのことなら、よくある話だということになろう。問題は、この勅書にたいする激しい抵抗運動が起きたことで、十八世紀は「ウニゲニトゥス」の世紀だという歴史家もいるほどである。パリ高等法院は、王の圧力で、この勅書を承認したが、あくまでこの勅書を拒否する抵抗勢力は、パリ大司教アントワーヌ・ド・ノアイユを先頭に、公会議の開催を呼びかけた。このやり方は重大な結果をもたらした。これらの「呼びかけ人」たちの運動は、ひとつの神学的立場を擁護する——この事件において、それはもはや二義的問題でしかない——というよりも、教皇権威にたいする、さらには王の権威にたいする、異議申し立てとなる。ケネルはもはや忘れられていた。さまざまな傾向があるにもかかわらず、ジャンセニストとしてひとくくりにされた反対者たちは、厳しい弾圧——とりわけ、ルイ十五世の宰相であり、王の聴罪司祭でもあった枢機卿フルーリーのそれ——を受ける過程で、ガリカン主義者たち、リシェ主義者たち、さらには啓蒙思想家たちにも接近していく。そのため、ジャンセニスムは、教皇至上主義のそれであれ、聖別された絶対王政のそれであれ、絶対主義にたいする多数の反対者たちの多様な抵抗運動の様相を呈するようになった。こうした宗教的抵抗運動は、急速に、もっと穏健で制御された君主制、いわば非絶対主義的な君主制を唱える政治的抵抗運動に変質していく。

王が勅書を国法としたことで（一七三〇年）、弾圧は一段と強まり、ジャンセニストたちにたいする迫害（それは殉教の様相を呈する）は、横暴な専制政治のシンボルとなる。同様に、勅書「ウニゲニトゥス」は絶対主義の象徴となり、勅書に反対する者は誰も、王政に逆らう者とされた。リシェの影響を受けたニコラス・ルグロ[2]は、はっきりとカトリック教会を君主制になぞらえ、勅書批判と絶対王政批判をひとつに結びつけている。こうした批判によって、聖別された絶対主義という概念がしだいに崩壊してゆき、フランス大革命の発端のひとつとなっていく（D・K・ヴァン・クレイ）。

（1）パスキエ・ケネル（一六三四〜一七一九）、ジャンセニストの神学者。

（2）ニコラス・ルグロ（一六七五〜一七五一）、ジャンセニストの神学者。

一七四〇年　ベネディクトゥス十四世、啓蒙教皇？

一七四〇年に教皇に選出されたプロスペロ・ランベルティーニは、聡明で、教養があり、当時の新思想もよく理解していた。ヴォルテールも彼を称賛し、『狂信あるいは預言者マホメット』（一七四五）を献じている。ベネディクトゥス十四世は、ドイツのフリードリヒ二世とも友好関係を保ち、ディドロとダランベールによる『百科全書』の出版計画を是認し、禁書の基準を緩め、さまざまな学会を保護し、女性が学問することを奨励し、医学に関心を持ち、ローマに世界最初の解剖博物館と外科医学部を開設して解剖を奨励し、地動説を認め、典礼を改革し、教会法を改め、迷信（たとえば吸血鬼伝説）と闘った。彼は柔軟で現実的な和解政策を推し進めた。フランスのジャンセニストたちにも寛容であり、彼らもこの教皇に大きな期待を寄せた。彼は宗教間対話にも積極的で、ダライ・ラマに手紙を書いている。アメリカ先住民にたいする虐待行為も厳しく非難しているが、ただし、在位の最後の頃には、中国やマラバル(1)の宗教儀式を禁じ、典礼論争に終止符を打った。

ヴォルテールは、一七四五年、ダルジャンタルに、つぎのように書き送っている。「私は神の助祭たる教皇の庇護を受けています。［……］私は猊下に、これほどの確信をもって教皇の不可謬性を信じたことはかつてありません、と申し上げました」。とはいえ、この「啓蒙思想家たちにとって理想の教皇」（B・ベルナール）とは、十八世紀のフィロゾフ[2]たちが作り上げた黄金伝説にほかならなかった。たしかに彼は聡明で開かれた精神の持ち主ではあったが、教会思想に内在する権威主義的かつ教条主義的な独断論を断ち切ることはできなかったのであり、その点において、思想の自由を求める啓蒙思想家たちの発想とは相容れなかった。

（1）インドのマラバル地方を中心に土着するキリスト教徒の集団。
（2）普通名詞としては「哲学者」を意味する語であるが、特に十八世紀フランスの啓蒙思想家たちを指す。

一七七三年　クレメンス十四世、イエズス会を廃止する

一七七三年七月二十一日、小勅書「ドミヌス・アク・レデンプトル（*Dominus ac Redemptor*）」によって、イエズス会は全面的に廃止された。例外は小勅書を承認しなかった非カトリック国（プロシアとロシア帝国の西部）だけであった。ローマのイエズス会に属する会館や教会は閉鎖され、総長ロレンツォ・リッチは投獄された。この小勅書は、これまで断続的に行われてきた一連の禁止、廃止、追放——ポルトガル（一七五九）、フランス（一七六四）、スペイン（一七六七）、ナポリ、シチリア、パルマ（一七六七）——の世界規模での総仕上げにほかならなかった。

絶対王政の神学的正当化の片棒を担いだことを糾弾されたイエズス会は、この結託の代償を払わねばならなかった。イエズス会士たちを断罪することで、フランスの高等法院は、その仇敵であるイエ

ズス会、そしてその後ろ盾の絶対王政、さらにはローマ・カトリック教会にたいして意趣返しをしたわけである。この高等法院の意趣返しで明らかになったのは、ジャンセニストたち、ガリカン主義者たち、そして啓蒙思想家たちの同盟関係であった。

その華々しい成功と「近代性」ゆえに、イエズス会士たちは敵意をかき立て、恨みを買い、社会的制裁の餌食となってしまった。しかし、イエズス会がフランスに道徳的腐敗をもたらしたという流説は、イエズス会の陰謀という妄想が生み出したさまざまな神話のうちのひとつにすぎない。

一七九〇年　聖職者民事基本法

国民議会(1)が布告した宗教に関するもっとも重要な法案である聖職者民事基本法は、一七九〇年七月十二日に議決され、フランス国内で適用されることになった。十分の一税を廃止し、負債償還のために教会財産を国有化したうえで、聖職者には給与を支給することになり、かくして聖職者は国家公務員となる。司教区および小教区も、一県一司教区を基準に、見直される。司教はこれまでのように教皇が任命するのではなく、各県の選挙人会議で選出される。

この最後の点を見れば、聖職者民事基本法が、教皇権力を抑えようとするガリカン主義＝ジャンセニスム的原則から生まれたものであることがよく分かる。基本法は、教皇による中央集権化以前の古代教会の理想に戻るという口実のもとに、司教は教皇にたいして忠誠宣誓をしないこととしている。

このようにジャンセニスムは、反専制主義、反貴族主義の原則によって、フランス革命に大いに貢献したのである。ポール・ロワイヤルの伝統を忠実に受け継ぐグレゴワール師(2)は、基本法がただちに引き起こした大論争において、基本法の弁護を買って出た最初のひとりであった。それと同じ論理にしたがって、教会は、聖職者の位階制度だけでなく、「信徒たちの集まり」全体によって構成されるのである。ところで、この「信徒たちの集まり」とはカトリック・フランスの国家そのものと一致する。だからこそ、国民議会は教会財産を国家財産とし、給与の形でそれを再配分することを当然の権利としたのである。もうひとつのガリカン主義＝ジャンセニスム的原則は、国だけが教会にたいする裁治権を有するというもので、この原則にしたがい、国は修道会を廃止し、一五一六年のボローニャの政教協約を廃棄し、司祭の選挙制を導入することが可能になる。

基本法への聖職者たちの反応がさまざまだったので、国民議会は、国の新体制にたいして、またその法や新しい宗教組織にたいして、聖職者に忠誠を誓わせることにし、しかも、そのために教皇庁の同意を得る必要はないという見解を示した。この宣誓要求によって、宣誓聖職者と宣誓拒否聖職者のあいだに大きな亀裂が生じた。後者は激しい弾圧を受け、年金を停止され、ミサを司式する権利を奪われ、あげくは、公民精神欠如という告発だけで、裁判もなしに、国外追放となった。一七九一年三月、長い沈黙のあと、教皇ピウス六世が聖職者民事基本法を「分離的かつ異端的である」として断罪し、宣誓司教を――彼ら自身はみずからをカトリックと考えているにもかかわらず――無効としたことで、分裂はさらに決定的となった。それ以来、長いあいだにわたって、革命に加担しながらカトリックを信奉し続けることはもはや不可能に思われた。王は、ピウス六世の基本法断罪を受けて、国外逃亡を図り、ヴァレンヌで逮捕された。

それまで独立組織であった聖職者団体を国家組織とし、彼らに宣誓を課すことによって、聖職者民事基本法は宗教の国内化を促進するとともに、公共事業を国が独占する道を開いた。俗界と霊界という旧来の二重性にかわって、公的領域と私的領域という二分法が誕生し、それがやがて教会の民営化と国家の非宗教化という結果にいたる。この政教分離の最初の形態にたいして、のちに「正統派」と呼ばれる右翼宗教者たちは強硬に反対した。結局、このふたつの教会——立憲教会と反動教会——は、革命が急進化することによって、ひとまとめに断罪されてしまう。一七九三年と一七九四年の国民公会は、まさに非キリスト教化の組織的企てであった。そのため、聖職者の大多数は教皇庁の庇護下に戻り、フランス・カトリシズムは敬虔主義的、教皇至上主義的、非妥協的傾向を強めることになった。

(1) 国民議会は、革命時に招集された全国三部会の第三身分(平民)の議員が組織した議会、その後、憲法制定国民議会と改称されたが、略称として「国民議会」が使われた。

(2) アンリ・グレゴワール(一七五〇〜一八三一)、カトリック司教、ヒューマニズムと平等主義を説く革命政治家。

一八〇一年　ナポレオンのコンコルダ体制

「私は宗教の重要さを慎重に吟味した。」ルソーと同様、ナポレオンにとっても、宗教的平和なくして社会的平和はあり得なかった。そこで、教皇と協調する必要が生じたのである。一七九九年、権力の座に就いたとき、フランスが宗教問題で引き裂かれているのを目の当たりにした第一統領は、一八〇一年のコンコルダ（政教協定）によって、フランス教会を再組織化しようとした。この協定はただちに教皇の承認を得たが、ナポレオンはさらに組織条項を加えた（一八〇二年）。この条項は、ローマ教会に相談せずに加えられ、当然ながら教会の承認は得られなかったが、ふたつのプロテスタント信仰（ルター派とカルヴァン派）の存在を認めることが眼目であった。

コンコルダ体制によって、ナポレオン政府は宗教的平和を取り戻す先導役を果たした。教会財産を聖職者たちに返還すること、司教区をもう一度見直すこと、教会を信徒たちの手に戻すこと、ピウス六世の葬儀を執り行うこと(1)、等々。宗教的平和と教会の復興を目指すこの政策は、フランス一国の問題にとどまらず、ヨーロッパ社会と宗教との関係の新しいあり方を先取りしたものと言えるだろう。この関係は、一八〇〇年から一八一五年にかけて、ヨーロッパ社会の近代化というさらに大きな問題との関連において、根本的に再検討されることになるが、その先鞭をつけたのがナポレオンである。

ナポレオンの野心は、キリスト教信仰と深く結びついたフランス王政とフランス教会のガリカン主義というふたつの伝統を踏まえたキリスト教君主国を復興させることであった。しかし、タレイラン(2)の影響もあって、ナポレオンによる教会再編成は、宗教の社会的有用性を認めさせることには貢献したものの、教会にかつての権勢を取り戻させる糸口にはならなかった。コンコルダは、カトリックを「フランス人の大多数の」宗教としながらも、国教とはしなかったし、またふたつのプロテスタント信仰とユダヤ教の存在を認めることによって（一八〇八年）、宗教的多元主義と国家の非宗教的立場を基礎づけた。以後、いずれの国も特定の宗教を国教とすることはなくなるだろう。ただし当時はまだ、信仰を持たない人びとも、神聖なるものを必要としていたし、とりわけ、儀式は神聖なものでなければならなかった。宗教的多元主義は、早速、ヨーロッパ全体に広まっていった。それが成功した場合もあれば（イタリア、ドイツ）、失敗に終わった場合もある（スペイン、チロル、アイルランド）。やがて帝国末期、フランス・カトリック陣営のますます強硬になっていくさまざまな反対運動をまえに、ナポレオンはみずからの文化政策の統制力を失っていく。

（1）ピウス六世は、フランス革命軍の教皇領占領によってローマを追われ、失意のうちに亡くなった。

（2）タレイラン（一七五四〜一八三八）、フランス革命期、ナポレオン時代を通じて活躍した外交官、政治家。ナポレオン政権下で外相を務める。

一八二五年　ヨハン・アダム・メーラー、『教会の統一性』を刊行

シャトーブリアン[1]やシュライアマハー[2]などの影響下で生まれたロマン主義的教会論の潮流のなかで、メーラーは、初期教父たちの思想研究を通じて、歴史神学と統一的教会論を刷新する糸口を見出

した。ヨハン・アダム・メーラーは、師であるヨハン・ゼバスティアン・ドライとともに、いわゆる「チュービンゲン学派」(一八一三年に創設されたカトリック神学部)の中心人物のひとりである。

メーラーは、教会の組織原理と設立基盤は統一性にあるとしている。というのも教会は、何よりもまず、聖霊に満たされた人びとの集い、キリストと信徒たちの「交わり(communio)」の場なのである。こうした思想ゆえに、メーラーは、次の世紀の神学者たちから、第二ヴァチカン公会議教会学の先駆者、そしてエキュメニズム(教会一致運動)の父と見なされることになる。近代主義論争がはじまるはるか以前に、ドイツ・カトリック神学の歴史的転換点に立つメーラーは、キリスト教的〈啓示〉の歴史性を強調していた。彼の影響を受けたとされる宗教史家やカトリック神学者は少なくない。たとえば、カール・ヨーゼフ・フォン・ヘフェレ(『公会議の歴史』)、イグナツ・フォン・デリンガー(教義史家、教皇不可謬説に異を唱えた)、さらにはシュニュ、リュバック、コンガール、そしてオルティーグ[3]など。

じつのところ、「新しい神学」を唱えるフランスの神学者たちによるメーラー再発見(「メーラー・ルネサンス(Möhlerrenaissance)」と呼ばれる)は、むしろ、再構築、再発明というべきものであった。じっさい、メーラーの業績は、十九世紀にはほとんど注目されず、とくにフランスでは、一八七〇年代以降少しずつ忘れ去られていく状態であった。フランスの神学者たちがメーラーに注目し始めたのは、ようやく一九三〇年代になってからである。フランスの神学者たちが意欲的に取り組んだのは教会論の分野であった。そこで、目下形成中の神学の系譜を示す必要があったが、自分たちのめざす

「生きた伝統」（教皇庁の「教導権の伝統」の系譜に対抗して）に基づく神学の祖型を、彼らはメーラーの教会論に見出したのである。ドイツ神学者の後ろ盾を得ることで、コンガールとその一派は、近代主義のそしりを受けることなく、神学に歴史性の次元を取り戻すことができた。というのも、メーラーは近代主義運動が始まるはるか以前――「われわれの前の世紀だ」とコンガールは強調している――の人間なのだ。コンガールはさらに付け加える――「メーラーはまさに預言者であった」。

（1）フランソワ＝ルネ・ド・シャトーブリアン（一七七六～一八四八）、作家、政治家。フランス・ロマン主義の先駆者のひとり。ロマン主義的なキリスト教賛美の書である『キリスト教精髄』（一八〇二）を書いた。

（2）フリードリヒ・シュライアマハー（一七六八～一八三四）、ドイツの神学者、哲学者、文献学者。ロマン主義の神学者として知られ、近代神学の祖とも言われる。

（3）マリー＝ドミニック・シュニュ（一八九五～一九九〇）、アンリ・ド・リュバック（一八九六～一九九一）、イヴ・コンガール（一九〇四～一九九五）、エドモン・オルティーグ（一九一七～二〇〇五）、いずれもフランスの神学者。

一八三七年　フツナ島（オセアニア）でピエール・シャネルが最初のミサを挙げる

教皇グレゴリウス十六世は、オセアニアへの伝道を推し進めるべく、志願者を募った。ブレス地方出身の司祭ピエール・シャネルが名乗り出た。十か月の航海ののち、ふたりの仲間とともに、フツナ島にたどり着き、一八三七年四月八日、最初のミサを挙げた。彼は、人食いの習慣、内乱、土着信仰などと闘いながら、信者の数を増やしていった。一八四一年、王族のひとりによって暗殺され、それから一世紀ほどのちに（一九五四年）列聖された。

貧しい少年時代、ブレス地方の寒村で羊飼いをしていたピエール・シャネルは、マリア信仰の風潮のなかで、しばしばベルナデット・スビルー[1]と類比され、フツナは太平洋のルルドとなった。かくして、ブレスとオセアニアを伝道の絆で結ぶ聖人伝説が作られた。

（1）「一八五八年」の項を参照されたい。

一八四五年　オックスフォード運動とジョン・ヘンリー・ニューマン

宗教に政治が介入することにたいする反発から生まれたオックスフォード運動は、一八三三年、教会内で進められている自由改革にたいして、また国教会の権威、独立、教理を脅かす英国議会にたいして、反対の立場を鮮明にした。オックスフォード大学に本拠を置く三人の司祭がこの運動の先頭に立った。ジョン・ヘンリー・ニューマン、ジョン・キーブル、エドワード・ピューシーである。彼らは、教会の権威を取り戻すべく、九十冊に及ぶ『時局小冊子（*tracts for the time*）』と題する一種のパンフレット（トラクト）を発行した。そのため、彼らは「トラクト派」と呼ばれる。彼らは使徒的宣教の継承を謳い、英国国教会の正統性を主張し、その典礼の根拠を示したうえで、聖体秘跡の必要性、神聖性の保持、カトリック的宗教実践（聖務日課、良心の教導、告解、断食）の復活などを訴えた。英国国教会は、ローマ教会のあり方とプロテスタント信仰の中庸の途を行くべきものとされた。

一八四一年になると、なかでもニューマンがカトリックの伝統にもっとも接近し、教父学に依拠しつつ、カトリシズムの観点から、英国国教の正統根拠を明らかにしようと試みた。一八四五年、『教会教理の発展についての試論』という有名な著作において、教義学に歴史を導入することで、教理の発展という考えを示した。カトリック教会もまた、歴史のなかで発展する教会であるとされる。同年、彼はカトリックに改宗した。オックスフォード運動はふたつに割れ、一方（ニューマン、マニング[1]）はカトリック教会に、他方（キーブル、ピュージー）はアングロ＝カトリック派[2]に、それぞれ属することになる。ニューマンは、知性を重んずる批判的合理主義とローマ教会の制度的立場との両立和解に努めたと言えるだろう。

（1）ヘンリー・エドワード・マニング（一八〇八～一八九二）、イギリスの枢機卿となる。
（2）国教会にとどまるが、カトリックの色彩が強く、教会の権威、秘跡を重んずる立場。

一八五八年　マッサビエルの洞窟に聖母が出現する

一八五八年二月十一日、ルルドにあるマッサビエルの洞窟に降りていった十四歳の少女ベルナデットのまえに、聖母が出現した。聖母の出現は、それに続く数週間のうちに、さらに十七回に及んだ。疑いをかけられ、調査が行われ、さらに検証が行われるうちに、多くの群衆が押し寄せ、早速この年

（一八五八年）から病気快癒の奇跡が相次いだ。この一連の聖母出現は、その四年前（一八五四年十二月八日）に教皇ピウス九世が布告した「無原罪の御宿り」の教義を裏付けるものであった。というのも、お告げの祝日にあたる三月二十五日、ひとりの白い服を着た婦人（ベルナデットはAquerò すなわち「あれ」と言っている）が現れ、ベアルン地方の方言でQue soy era Immaculada Councepciu、すなわち「私は無原罪の御宿りです」と言ったのである。しかし「無原罪の御宿り」などという教義用語を羊飼いの少女が自分で考え出したはずもなく、驚いた教会および町の当局は彼女に問いただした。

この事件は近代における聖母出現ブームの一齣であり、ルルドは、ラ・サレットとファティマ[1]とともに、教皇ピウス九世がとりわけ熱心だったマリア信仰に深く結びついている。聖母出現に熱狂した群衆が大挙してルルドを訪れ、ロザリオの祈りを聖母に捧げる。近代世界の世俗化への反動として「聖性の再充塡」（A・デュプロン）が進行しているさなか、ルルドは二重の象徴を担っていた。ひとつには、一八五四年十二月八日にピウス九世が勅書「イネファビリス・デウス（*Ineffabilis Deus*）」によって布告した「無原罪の御宿り」の教義、すなわち、聖母は「原罪のあらゆる汚れを完全に免れている」が、それは御子がのちに成し遂げることになる贖罪の業から事前に生じる恩寵ゆえだとする考えを象徴しているということである。この教義は、アンブロジウスやアウグスティヌス[2]の時代から中世を経て近代にいたるまで論争が続いたひとつの問題の最終結論にほかならない。十二世紀の初頭には、アンセルムス[3]の弟子であるエアドメルス[4]が、初めて無原罪の御宿りについての概論を書いている。クレルヴォーのベルナルドゥスとトマス・アクィナスはそれに反論しているが、フランシスコ会士たち、とくにドゥンス・スコトゥス[5]は擁護し、マリアは御子の功徳を先取りする形であらかじめ贖われていると主張することで、近代カトリック神学への道を切り開いた。

ルルドは、もうひとつ、一七八九年のフランス大革命以来広がり始めた非宗教的世俗精神と闘い、キリスト教を守ろうとするピウス九世の組織的計画のシンボルともなり得ている。もちろん、司教たちとも相談し、多数の賛同を得たうえでのこととはいえ、教皇としての権威において、「エクス・カテドラ（ex cathedra）」すなわち「聖座から」[6]布告したからこそ、この教義は不可謬なのである。こうして布告された無原罪の御宿りの教義は、実践から理論が生まれるという形で、教皇自身の不可謬性宣告の足掛かりとなった。さらに、現代の誤謬を数え上げ、それをまとめて糾弾する「シラブス（Syllabus）」すなわち「誤謬表」[7]を加え、三つの指標が新しいキリスト教の輪郭を描き出す。すなわち、無原罪の御宿りの教義、「誤謬表」、そして教皇の不可謬性である。聖母と聖座は、聖体とともに、三つの清浄無垢なる存在とされ、単なる死すべき存在とは区別された特権的性格が公に認められ、崇敬の対象となったが、その行き過ぎがときに批判されることにもなる。

（1）一八四六年、フランスのラ・サレットで、牛飼いの少女と少年が聖母の出現を目撃した。また一九一七年、ポルトガルのファティマで、三人の子供のまえに聖母が出現したほか、それに類する現象が相次いで起きた。
（2）アンブロジウス（三四〇～三九七）、ミラノの司教。
（3）カンタベリーのアンセルムス（一〇三三～一一〇九）、神学者、哲学者、カンタベリー大司教。
（4）カンタベリーのエアドメルス（一〇六〇頃～一一二四頃）、神学者、アンセルムスの伝記作者。

（5）ドゥンス・スコトゥス（一二六六頃～一三〇八）、神学者、哲学者、トマス・アクィナス以後のスコラ学の正統的継承者。
（6）聖座からおごそかに宣言した場合、その決定は聖霊の導きに基づくものであり、けっして誤ることはないという教説。
（7）正式には「近代主義者の誤謬表」。自然主義、合理主義、自由主義神学、社会主義、共産主義などの近代思想・文化を誤謬とする内容で、教皇庁と近代社会の断絶が決定的となる。

一八六三年　ルナン、『イエスの生涯』を刊行する

古生物学、考古学、文献学が急速に進歩しつつある時代にあって、伝統的なカトリック信仰を離れたばかりのエルネスト・ルナン（一八二三～一八九二）は、コレージュ・ド・フランスのヘブライ語教授となり、イエスが「卓越した人間」であることを教えることによって、みずからの合理信仰を実践しようとする。だがこの言葉は物議をかもし、一八六二年、講義は中断を余儀なくされる。その翌年、彼は『イエスの生涯』を執筆するが、文献学的、歴史学的、心理学的にイエスの生涯を再構成する手法は、まさに彼の合理信仰に基づいている。『キリスト教の起源の歴史』（全七巻、一八六三～一八八二）、ついで『イスラエル民族の歴史』（一八八七～一八九一）、それぞれの第一巻を構成する『イエスの生涯』は、ドイツ・プロテスタント系の聖書批判研究やオーギュスト・コントの実証科学主義に触発され、ヨーロッパ全体に広がった合理的・批判的キリスト教の潮流に属している。ルナンはこ

の合理的・批判的キリスト教をフランスの一般大衆に流布させたのである（発売して一年で七万部が売れ、一八六三年から一九二〇年のあいだに六十版が出ている）。またルナンは、『少年時代と青年時代の回想』のなかで、ハレないしテュービンゲンのある教授がそうであるような意味において、自分もまたキリスト教徒である、と述べているが、ここで「ある教授」というのはダーフィト・シュトラウス(1)のことである。シュトラウスもまた、一八三五年に『イエスの生涯』を書いており、一八五三年にはフランス語版も出ている。つまり、ルナンはこの先人にならったわけである。イエスの生涯の再構成の手法は異なるとはいえ（シュトラウスが神話学的であるのにたいしてルナンは歴史学的である）、このふたつの『生涯』は、伝統的根拠を非聖化するとともに、聖書の歴史的実証研究を通じて伝説を問い直すという形において、その後の聖書研究に決定的な影響を与えた。彼らの歴史学的・批判的解釈方法は、従来の近代的文献解釈よりも、さらに精緻化され、また深められている。

（1）ダーフィト・シュトラウス（一八〇八〜一八七四）、歴史学者、神学者。

一八七〇年　ヴァチカン公会議、教皇不可謬の教義を布告する

一八七〇年七月十八日、ヴァチカン公会議は憲章「パストル・エテルヌス（*Pastor Aeternus*）」を公布した。この憲章は、教皇裁治権の普遍的優位性（教皇首位説）と信仰と風紀の真実に関する教皇個人の不可謬（教皇不可謬）のふたつの命題を確認するものである。少数の司教――ドイツの司教が

ほとんどだが、フランスの司教（フェリックス・デュパンルー）もいた――が教皇不可謬を司教団の同意のもとに置こうと奮闘したが、無駄であった。ピウス九世によって不可謬が布告されるまえに、五十五人の司教が公会議を去った。

教皇不可謬が布告された第一ヴァチカン公会議時代は、不可謬という概念をめぐる長い歴史において、むしろ例外的な一時期だったと言えよう。中世においては、トマス・アクィナスからルターにいたるまで、「不可謬（infallibilis）」[1]とは全知全能である神自身の特性であった。わずかにペトルス・オリヴィやグイド・テッレナなどが教皇の不可謬を支持した。のちに、ボシュエも教皇の不可謬を支持したが、あくまで制度としての教皇に関してであって、個人としての教皇に関してではなかった。さらにその後、第二ヴァチカン公会議も不可謬の問題を取り上げているが、それは「過つはずがあり得ない」信徒たちの共同体としての教会に関してであり、その考えは、十五世紀の旧公会議主義理論や「神の民としてのあらゆる教会に恩寵として与えられる」不滅性を唱えるルター派の思想的立場に近いと言えるだろう。

多くの歴史家たちが指摘しているように、第一ヴァチカン公会議で布告された教皇不可謬の教義は非妥協的教皇至上主義の潮流が新たな高まりを見せたことを示しており、教皇不可謬の教義化はその結果のひとつにほかならない。じっさい、教皇不可謬は幾世紀にもわたってローマ教会の底流をなす神学的主張なのであり、格別新しい考えというわけではない。現象として新しいのは、十九世紀になってとつぜん、それが教会イデオロギーの前面に押し出されたということである。フランス大革命、そして産業革命や政治の民主化による急激な社会変化、さらには十九世紀中頃に各国で急速に高まった国民意識、こうした大変動のさなかにあって、教皇不可謬が教会の反革命イデオロギーの強力な武器のひとつとして浮上してきたのである。ジョゼフ・ド・メーストル[2]（『教皇』、一八一九年）、また初期のラムネー[3]の見解では、不可謬とは絶対支配権を意味した。つまり教会首長の不可謬とは、一方では人民の絶対主権という革命理論、他方では科学の絶対真理という実証主義理論、それらを標的にした対抗理論にほかならない。一八七〇年に布告された教皇不可謬の教義は、教会が受けているさまざまな攻撃（歴史科学、ダーウィニズム、教育の非宗教化、さらには教皇領への直接攻撃）にたいする防衛反応として、教皇の個人的権力が教会内で圧倒的に高まった気運に乗じて強引に制定されたものである。教会は、反社会として、あるいは「完全な社会」として、みずからを市民社会と峻別しようとしたのである。あからさまな独裁主義、非妥協的教条主義、それは「さながら反革命の黙示録的幻想の再出現」（C・ラングロワ）であった。ちなみに、公会議は閉会にいたらなかった。一八七〇年の戦争[4]のために中断されたのである。その後、つまり「パストル・エテルヌス」以降、「おおかたの見方では、新たに公会議を開く可能性はほぼなくなった」（G・アルベリゴ）。

（1）ペトルス・オリヴィ（一二四八〜一二九八）、グイド・テッレナ（一二七〇〜一三四二）、いずれも神学者。
（2）ジョゼフ・ド・メーストル（一七五三〜一八二一）、カトリック思想家。
（3）フェリシテ・ド・ラムネー（一七八二〜一八五四）、キリスト教社会主義者。
（4）普仏戦争（プロシアとフランスの戦争）のこと。

一八八六年　チャールズ・ルワンダ――ウガンダのキリスト教殉教者

ラヴィジュリ師[1]によって一八六八年に創設されたアフリカ宣教師会、通称「白い神父たち」は、一八八〇年代、大湖沼地方にあるウガンダに会員を送り込んだ。宣教師たちは国王ムテサ一世に寛大に迎えられ、首都カンパラの王宮に近いルバガに最初の伝道拠点を置いた。相次いで洗礼が行われた。しかしムテサ一世が亡くなると、関係が悪化し、後継者ムワンガ二世にとって、宣教師たちの存在が邪魔になった。王の命令で迫害が始まり、英国国教会およびカトリックの宣教師たちが処刑された。ナムゴンゴには火刑台が築かれた。王宮の小姓頭で、一八八五年に受洗したウガンダ人キリスト教徒チャールズ・ルワンダを始めとして、さらに十五人の若いアフリカ人カトリック信者たちが、一八八六年六月三日、生きたまま焼かれた。一八八五年から一八八七年にかけて、殉教者は二十二人に及んだ。これらの殉教者たちは、一九六四年、ローマでパウロ六世によって列聖された。

(1) シャルル・ラヴィジュリ（一八二五〜一八九二）、アルジェおよびカルタゴの大司教、枢機卿。

一八九〇年　福音主義社会協議会の創設

規約（一八九一年）にも定められているように、福音主義社会協議会の設立目的は、福音思想を現代の経済および社会生活に活かすことにある。それゆえ、同協議会の創設は、ビスマルク圧政下の社会民主主義運動の高まりと産業革命によるヨーロッパの経済的・社会的大変動という文脈に置き直して考える必要がある。

自由プロテスタンティズムとヴィルヘルム二世時代の「文化プロテスタンティズム（Kultur-protestantismus）」（文化全般の変化発展にキリスト教を調和させようとする運動）の潮流から生まれた福音主義社会協議会は、プロテスタンティズムと近代文化の結びつきを強調する自由で民主的なキリスト教精神に基づいて、キリスト教と社会を統合することを目指した。この運動は近代化を正当化し、個人主義を謳い、国家の社会的役割を強調する。以上が近代世界の諸問題にたいするプロテスタント側の対応であった。同協議会にかかわった主な人物を挙げれば、まず歴史家で神学者のアドルフ・フォン・ハルナック[1]が、一九〇二年から一二年まで、議長を務めた。のちにはフリードリヒ・ナウマン[2]も加わっている。

（1）アドルフ・フォン・ハルナック（一八五一～一九三〇）、プロテスタント神学者、ルター派牧師。歴史神学、キリスト教義史研究。

（2）フリードリヒ・ナウマン（一八六〇～一九一九）、プロテスタント神学者、政治家。リベラル派を代表する。

一八九一年 レオ十三世は回勅「レルム・ノヴァルム」によって近代世界を受け入れたか？

一八九一年五月十五日、レオ十三世（在位一八七八～一九〇三）は、回勅「レルム・ノヴァルム（*Rerum novarum*）」を布告し、社会問題に関して新しい見解を示したが、それはのちに「教会の社会問題に関する教説」と呼ばれた。教皇は、同回勅において、無神論的社会主義を批判する一方で、労働者の不幸や貧困、労働争議などを告発している。また資本主義の行き過ぎを批判し、キリスト教的組合活動や社会的カトリシズムを奨励している。いまや教会は、いわゆる「階級闘争」に終止符を打つべく、社会問題に関心を持ち、それに介入する義務があるのだ。回勅「レルム・ノヴァルム」は、このように、現代世界の諸問題解決に向けて、教会が第一歩を踏み出したことを意味し、キリスト教民主主義育成の機運をもたらした。

以上のごとく、「レルム・ノヴァルム」は、カトリシズムがかつてのように現実世界で重要な地位を占め、大きな役割を果たすことを願ったレオ十三世の教皇庁政治の主要な柱のひとつであった。しかも教皇は、あらゆる領域の問題に介入した。神学の分野では、トマス研究の復活を呼びかけた（一八七九年の回勅「エテルニ・パトリス（*Aeterni patris*）」）。また世界宣教活動にさらに力を入れ、アメリカ合衆国でのカトリシズムのさらなる普及を目指した。加えて、フランスのカトリック信者には、新しい共和国体制を受け入れるよう促し（回勅「さまざまな懸念のなかで（*Au milieu des sollicitudes*）」[1]、一八九二年）、またイタリアでは、国にたいする不干渉政策を維持し、カトリック信者が政治に介入することを禁じ続けた。

（1）フランス語で書かれている。

一九〇二年　アルフレッド・ロワジー、『福音と教会』を刊行する

一九〇二年に刊行されたこの本は、近代主義の象徴である。近代主義はこの本から生まれたと言っても過言ではない。

発端は、元パリ・カトリック学院聖書学教授で高等研究応用学院に移ったアルフレッド・ロワジーが、プロテスタント神学者アドルフ・フォン・ハルナックの著作（『キリスト教の本質（*Das Wesen des Christentums*）』、フランス語に訳されたばかりであった）の説に反論を企てたことである。その版型と表紙の色から「赤い小型本」と呼ばれた『福音と教会』において、ロワジーが明らかにしようとしたのは、カトリック教会は福音に忠実であり続けながらも、その組織、典礼、教義は絶えず発展してきた、ということであった。言い換えれば、歴史的発展はキリスト教に内在する本質であって、単なる外的偶然ではない、ということである。超自然界にも歴史はあるのだ。いわば超自然界の歴史主義。こうした見解を示すアルフレッド・ロワジーの五つの著作が、早くも一九〇三年、パリ大司教によって禁書とされた。『イスラエルの宗教』（一九〇一年）、『福音書研究』（一九〇二年）、『福音と教会』（一九〇二）、『小型本をめぐって』（一九〇二年）、『第四福音書』（一九〇三）。事態はさらに広範囲に及び、一九〇〇年から一九一〇年にかけて、歴史主義や批判主義の傾向があるすべての著作が処罰の対象とされている（アルベール・ウータン、リュシアン・ラベルトニエール、エドゥアール・ル・ロワ、ジョルジュ・ティレル、ルイ・デュシェーヌ[1]……）。一九〇七年、ピウス十世の回勅「パッシェンディ・ドミニチ・グレジス（*Pascendi dominici gregis*）」は「近代主義（modernisme）」（漠然とした思想傾向をひとま

とめに名指す一種の新語である）を断罪し、「傲慢不遜にも、教会の革新者を気取る」あらゆる流派の学者とその学説を糾弾する。

「近代主義」という語が使われた背景には、カトリック教会と現代文化のあいだに致命的な乖離が生じてしまったという事情がある。言い換えれば、宗教的権威と知的探求とが厳しい対立関係に陥ったということである。〈近代主義者〉たちからすれば、一八九〇～一九〇〇年代のフランスにおける合理精神の高まりを受けて、カトリック教会を近代社会に適応させることが急務であった。逆に、みずからを「攻囲されている城砦」と感じているローマの立場からすれば、〈近代主義〉とは疑惑と隠蔽の巣窟にほかならず、その張本人を暴き出さねばならない。発端は批判的解釈の問題であったとしても、危機は大きく広がって、あらゆる領域に及ぶ（哲学的な内在主義や進化主義、歴史学と神学教義の対立）。より根本的には、神学研究における精神の自由という問題がある。つまり、公共の場において討論する際、科学的研究とキリスト教的真理の関係をどう考えるか、ということであるが、教会はそうした問題に触れることにきわめて消極的であった。近代主義の危機は、信仰の土台を深く揺るがすことで、一世代のうちに、十九世紀に積もり積もった歴史的危機状況を一挙に浮き彫りにした。かくして、数世紀にわたって続いたトリエント教会学に基づく伝統的な護教運動は終わりを告げ、カトリシズムは新たなエピステメ（認識論）の時代を迎える。そうした文脈において、第二ヴァチカン公会議が開催されることになる。

（1）アルベール・ウータン（一八六七～一九二六）、司祭、歴史家、哲学者。リュシアン・ラベルトニエール（一八六〇〜一九三二）、司祭、哲学史家。エドゥアール・ル・ロワ（一八七〇〜一九五四）、哲学者。ジョージ・ティレル（一八六一〜一九〇九）、神学者。ルイ・デュシェーヌ（一八四三〜一九二二）、文献学者、歴史家。

一九〇五年　フランスにおける政教分離法

「離婚だ！」急進主義者ジョルジュ・クレマンソー[1]は、一九〇四年、『オーロール』紙の記事で、啖呵を切った。この言葉が直接意味するのは、ローマ教皇庁との外交関係の断絶であるが、もっと広い観点から見れば、一七八九年に始まった非宗教化と世俗化の流れの帰結を意味する。一九〇二年、左翼陣営の支持を得て、コンプ内閣が誕生した。第三共和政の反教権政策の方針に従い、熱心な非宗教化推進者として知られるコンプは、一九〇四年の諸法案を可決させた。教育の完全な非宗教化に伴い、学校から聖職者が排除された。聖職者排除は、修道院（シャルトル会のように強制的に排除された場合もある）、病院、軍隊にも及んだ。裁判所法廷から十字架像が取り外され、墓地は市町村の管理下に置かれた。一九〇五年の分離法は、コンブを引き継いだルヴィエ内閣のもとで採択された。この法律によって、コンコルダ（政教協約）以来守られてきた教会財産没収の補償としての「経済義務」が終了した。分離法は、国家レベルで見れば、信教の自由と宗教予算の廃止という二点に要約される。今後、共和国はいかなる教会とも特別な関係を持たない。しかしこの分離法は、カトリック側からは、聖職者民事基本法、そして一方的に取り決めたコンコルダに次ぐ、新たな迫害として受け止められ、殉教者の気分になるカトリック聖職者も少なくなかった。

しかし実際には、分離法によって、教会と国が完全に分離独立したわけではない。両者のあいだで演じられたのは「あり得ない分離」にほかならず、「両者が無視し合うことはとうてい不可能であった」(M・ギルボー)。一九〇五年から二十年ほどの推移を見れば、この分離が「協議離婚」であったことがよく分かる。それは一種の「暫定協定 (modus vivendi)」にほかならず、その妥協的性格は、一九〇七年から一九二四年にかけての一連の公文書、とりわけ一九一四年のユニオン・サクレ[2]によって、いっそう強められている。両者の関係は、当初の険悪な対立から、徐々に冷静かつ平穏なものに変わった。

政府が強行した他の革命的・共和主義的政策が比較的円滑に実施されたのにたいして、分離法は教皇ピウス十世の強硬な抵抗に直面した。教皇は、一九〇六年、回勅「ヴェエメンテル・ノス(*Vehementer nos*)」を発して、分離法を拒絶したうえ、いっさいの妥協策を拒んだ。あらゆる和解の試みにも抵抗することを呼びかけた教皇の強硬姿勢に鼓舞され、これまで分裂気味であったカトリック勢力が一致団結したため、国としても軟化せざるを得なくなった。分離法は可決成立したものの、教会が受け入れるかぎりにおいて施行する、という条件付きであった。ただし、ローマの強硬姿勢がなければ、国がこれほど物分かりがよかったとは思われない。

(1) ジョルジュ・クレマンソー(一八四一～一九二九)、ジャーナリスト、政治家、首相。

（2）第一次世界大戦が勃発したことにより、国内諸勢力、とくに労働運動・社会主義運動と政府のあいだで結ばれた協力関係のこと。

一九一二年　教会がひとつの理念型となる

一九一二年、エミール・デュルケームは『宗教生活の基本形態』を刊行した。彼の円熟期の著作であるが、デュルケームがすでに一八九九年に『社会学年報』に発表した論文「宗教現象の定義について」で提示した問いにみずから答えようとしたものであり、〈聖なるもの〉の概念に関するユベールやモース(1)の調査研究を継承するものである。当時、学術界に登場したばかりの「社会学」の担い手である彼らにとって、宗教を社会的に成立させているものは何かを知ることが重要な課題のひとつであった。デュルケームはまず、通常は超自然や神々の存在によって説明される宗教の入手し得るあらゆる定義を探し出し、それを総覧したうえで、そこから信仰と儀式というふたつの基本的カテゴリーを引き出す。さらに宗教と魔術の関係を考察したあと、最終的に彼自身の宗教の定義を提示する。つまり宗教とは「聖なるものへの信仰と実践が緊密に結びついたひとつの体系であり［……］それに参加するすべての人びとを教会と呼ばれるひとつの精神共同体に結びつける」。こうした定義の仕方は、カントのそれを踏襲するものである。じっさいカントにとっても、「教会」とはひとつの普遍なるもの、ひとつの哲学的全体性を言い表す言葉にほかならなかった。同じ頃、ふたりの宗教社会学者エルンスト・トレルチとマックス・ウェーバー[2]もまた、「教会」をひとつの理念型として考察している。もはや、カトリック教会がみずからの定義（超越界に達することを可能にするただひとつの「完全なる社会」）をいかに死守しようとも、社会科学は教会を非宗教的な研究対象とし、ひとつの社会現象として理解しようとする道を切り開いてしまったのだ。

（1）アンリ・ユベール（一八七二〜一九二七）、考古学者、社会学者。マルセル・モース（一八七二〜一九五〇）、社会学者、文化人類学者。

（2）エルンスト・トレルチ（一八六五〜一九二三）、神学者、宗教哲学者。マックス・ウェーバー（一八六四〜一九二〇）、社会学者、経済学者、政治学者。

一九一七年　タンザニアでアフリカ人司祭が初めて叙階される

土着の教会を自立させるということが、アフリカ伝道の最大の課題のひとつであった。ラヴィジュリ師はつねづね「アフリカ人はアフリカ人の手で改宗されなければならない」と言っていた。「白い神父たち」、すなわちラヴィジュリ師によって創設されたアフリカ宣教師会は、土着の教会、しかも自立自主の教会を作ろうと努力した。一九一一年、ルビア（タンザニアの北東部）に最初の神学校が設立され、そこからアフリカ人初の叙階司祭が誕生した。その後、公教要理学校が作られ、修道会も創設された。こうして教会のアフリカ化が少しずつ進行していったが、それに熱心だったのは、カトリックよりもむしろプロテスタントであった。一九二八年、エルサレムで開催された国際宣教協議会の大会で、宣教活動の責任移譲が強く打ち出された。つまり、白人の宣教師中心の活動から土着教会の組織化に重点を移すということである。だが、アフリカ人司教が誕生するのは、ようやく一九五〇年代になってからであった。

一九二五年　リジューのテレーズの列聖

一八九七年に亡くなって二十八年後、リジューのテレーズは、ローマのサン・ピエトロ大聖堂で、教皇ピウス十一世によって列聖された。年若いテレーズ・マルタン（一八七三〜一八九七）、リジューのカルメル会修道女、修道名「幼いイエスと尊き面影のテレーズ」は、二十四歳にして、結核で亡くなった。一八九五年から一八九七年まで、彼女は三つの小さなノート（草稿A、B、Cと言われる）と数多くの手紙を書いた。その後、この若い聖女への崇敬の機運が高まり、奇跡も相次いだ（「パラの雨」など）。彼女の聖遺物がフランスの大都市を巡回し、さらには世界を一周する。リジューは主要な巡礼地のひとつとなった。一九二六年には、フランシスコ・ザビエルとともに、宣教師の守護者に、一九四四年には占領下のフランスの守護者に、それぞれ任ぜられ、一九九七年には教会博士の称号が与えられた。

テレーズの遺稿は、早速、彼女の姉であり、カルメル会での上長であるアニェス修院長の手に渡ったが、アニェス修院長は、それを出版するため、いろいろ手を加えた。一八九八年十月、一冊の本にまとめられ、『ある魂の物語』というタイトルが付けられた。それは当時よく見られた一種の聖人伝であり、読者たちに、さらには一般大衆に、敬愛の念を引き起こした。最後の頃に書かれた言葉は、あまりに絶望的であるとして、除かれている。聖女は、その頃、信仰の暗夜をたどっていたのだ。真の意味での校訂版が出版され、ようやくテレーズが書いたままの文章に接することができるようになったのは、一九九二年のことである。それでもなお、それらのテキスト——三冊の草稿、詩、手紙、その他——を正しく読み取るには、歴史家の厳しい目が必要であった。物語は歴史ではなく、そこで再構成された彼女の人生にはフィクションが混じっている。テレーズは、一八九五年から一八九七年まで、自分の人生の物語をある神秘的経験——一八九五年六月、神の慈愛を体験したこと——を通して描き直しているのであり、それは自分みずからが書いた聖人伝とも言える。テレーズはみずからの人生の歩みを物語る作家であって、歴史家ではない。それゆえ、彼女の人生を正確に再構成するには、専門の歴史家が、彼女が書いた文章を解読し、脱構築しなければならない。

そうした意味において、このカルメル会修道女の精神的面影は、彼女が生きた時代の歴史、かつてなく苦悶に満ちた歴史のなかに置き直すことによって、初めて明らかになる。カトリック教会は、第三共和政の反教権的な諸政策によって、また教皇不可謬の教義が引き起こした危機によって、さらには社会の急激な変貌、自然科学の隆盛、そして聖書を科学的、批判的に読み取ろうとする文献学の台頭によって、すっかり弱体化していた。テレーズが列聖された一九二五年は聖年であった。ピウス十一世は、毎週のように、フランスの聖人たち、とりわけ殉教者たちを列聖した（オランジュの殉教者たち、[1] マドレーヌ＝ソフィー・バラ、[2] マリー＝マドレーヌ・ポステル、[3] ジャン・ユード、[4] アルスの司祭、[5] ベルナデット・スビルー、ジャン・ド・ブレブフ）。[6] リジューのテレーズのような聖人たちを祭壇に掲げることで、ローマ教会は、現代の聖性に新しい相貌、苦行者的ではなく、ごく普通の人間の相貌を与えようとしたのである。テレーズと彼女の「小さき道」、慈愛の道を迂回することで、教皇はフランス流のジャンセニスム的厳格主義とは一線を画そうとした。教皇が称揚したのは、聖座と教会の長女[7]とを和解に導くための、いわば共謀の神秘主義であった。

（1）一七九四年、オランジュでギロチン刑に処せられた三十二人の修道女。
（2）マドレーヌ＝ソフィー・バラ（一七七九〜一八六五）、修道女、聖心会創設者。
（3）マリー＝マドレーヌ・ポステル（一七五六〜一八四六）、修道女。
（4）ジャン・ユード（一六〇一〜一六八〇）、オラトリオ会修道士（司祭）。
（5）アルスの司祭（ジャン＝マリー・ヴィアンネ）（一七八六〜一八五九）。
（6）ジャン・ド・ブレブフ（一五九三〜一六四九）、イエズス会宣教師。
（7）「教会の長女」、フランスのことを言う。

一九三七年　ナチズムを糾弾する回勅「深き憂慮とともに」、共産主義を糾弾する回勅「ディヴィニ・レデンプトリス」

ヨーロッパに戦争の危機が迫るなか、教皇は全体主義を糾弾するふたつの回勅を発した。一九三七年三月十四日にナチス帝国に向けて発した回勅「深き憂慮とともに（*Mit brenneder Sorge*）」はドイツ語で書かれた最初の回勅で、ドイツ第三帝国内のカトリック信者が置かれた状況を懸念している。それに先立つ一九三一年には、同じ教皇ピウス十一世がムッソリーニのファシズムに抗議するイタリア語の回勅「我々は必要としない（*Non abbiamo bisogno*）」を発し、翌一九三二年、フルダで開かれたドイツ司教団会議は、ナチズムとキリスト教は相容れないことを宣言している。一九三七年の回勅はミュンヘン大司教ファウルハーバー（枢機卿）が原稿を書き、教皇大使パチェッリ（枢機卿・教皇庁国務大臣、のちの教皇ピウス十二世）が校閲したもので、言葉遣いが慎重に選ばれ、決定稿になるまで、三つのバージョンが作られている。同じ一九三七年三月十九日、今度はソビエト連邦に向けて回勅「ディヴィニ・レデンプトリス（*Divini Redemptoris*）」を発し、共産主義がヨーロッパ全体を危機に陥れていることを告発している。スペイン内戦、フランスの人民戦線、共産主義者たちのカトリック信者懐柔政策（モーリス・トレス[1]）。

とりわけ「国家宗教」であるナチズムにたいする糾弾は厳しく、「神を一民族、一人種の国境内に閉じこめ」、一国の神にしてしまっていることを繰り返し告発している。共産主義にたいしても、「まやかしの贖い」、「労働を通じて正義、平等、友愛を実現するという疑似理想」、「偽りの神秘思想」、「世俗宗教」、「神なき人間性」、「新福音」などとして、厳しく断罪している。

（1）モーリス・トレスは当時のフランス共産党書記長、カトリック信者に「手を差し伸べ」、懐柔しようとしたとされる。

一九五〇年　〈新しい神学〉が糾弾される

近代主義の危機以来、教皇庁の教理部門は謬見の疑いと強迫観念に囚われ続けていた。ピウス十二世とその側近たちは、教理統制機関を最大限に活用した。最高聖省とも呼ばれた聖務聖省で、かつての検邪聖庁が一九一七年に改変されたものである。その任務は信仰と風紀を守ることであったが、対象を拡大解釈するのが常であった。三十年間にわたって聖務聖省を〈牛耳っていた〉のはアルフレド・オッタヴィアーニ(1)で、同聖省が教理省となるまで彼の体制が続き、教会内に猜疑心が広がっていた。「聖務聖省が教会全体を完全に抑えつけている」。一九四六年にコンガールはそう証言している。

一九三〇年代にフランスとドイツの神学者たちのあいだから生まれた〈新しい神学〉は、ローマの教育当局が推奨する新スコラ学的体制順応主義とは袂を分かち、教父学の伝統に回帰することで、神学研究の刷新を企てていた。〈新しい神学〉は、現代の思想的潮流からも広く影響を受けていた。彼らの著作が世に出始めると、早速、周囲の不安をかき立てた。

ローマでも、ルーヴァンでも、テュービンゲンでも、神学者たちは皆不安になった。フルヴィエール(2)のイエズス会、ル・ソルショワール(3)のドミニコ会、それぞれの神学校で、早くも一九四二年には「導火線に火がついた」(E・フィユー)。一九五〇年八月十二日に発布された回勅「フマニ・ゲネリス(*Humani generis*)」は、教義に関する相対主義、トマス的規範の放棄、そして「地球と人間の起源に関する無謀な仮説」を厳しく糾弾しており、ローマの態度が硬化し、「弾圧がふたたび始まった」ことを示している。教父学の源泉に回帰することを訴えるアンリ・ド・リュバックは注意を受け、イヴ・コンガールは処罰され、マリー＝ドミニック・シュヌーは、著作『ひとつの神学派、ル・ソルショワール』が禁書にされたうえ、教育活動も停止させられた。さらにルイ・シャルリエ[4]は断罪され、ピエール・テイヤール・ド・シャルダン[5]は遠ざけられた。一九五四年には労働司祭[6]も活動を禁じられたが、そのことが教会内により深刻な分裂を引き起こすことになる。

（1）アルフレド・オッタヴィアーニ（一八九〇～一九七九）、枢機卿。
（2）リヨン中央部の丘の上にある。
（3）ベルギーのトゥルネー近くにある。
（4）ルイ・シャルリエ（一八九八～一九八一）、ベルギーのドミニコ会士。
（5）ピエール・テイヤール・ド・シャルダン（一八八一～一九五五）、イエズス会司祭、古生物学者、神学者、哲学者。
（6）労働者の世界にキリストの福音を伝えることを目的とし、みずから労働者となって生活をともにしているカトリック司祭のこと。

一九五一年　信徒使徒職のための第一回国際会議がローマで開催される

信徒使徒職のための国際会議を開催することによって、教皇ピウス十二世はいつもの保守的姿勢を一変させた。今後、一般信徒は聖職位階制度に基づく使徒職を補佐するだけの使命を持つのではなく、彼らが生きる世俗世界において「カトリック的活動」を行うことができるのである。イタリアでも、フランスでも、ベルギーでも、あらゆる形のカトリック的活動の実践が豊かな実を結ぶ。

一九五〇年代に、こうして一種の信徒神学が形成されることになるが、そこで強調されたのは、一般信徒は、単に聖職者との関係において信者であるのではなく、神の民のひとりとして洗礼を受けた人間である、ということであった。それゆえ、受洗者は誰もが「世界の全地にキリストの教えを伝え広める」(「教会憲章(*Lumen Gentium*)」第十項)使命を持つ。このように、受洗者は皆「司祭、預言者、そして王」というキリストの使命を受け継ぐのであり、そうした「すべての信者に共通する祭司職」が、キリスト者の生活を聖なるものとし、彼らを使徒たらしめるのである。

一九五九年 ヨーロッパ教会会議の創設

東西冷戦のさなかにあって、この運動の主導者たちは、ヨーロッパ、とりわけドイツを分断する〈鉄のカーテン〉と闘うべく、プロテスタント諸教会、英国国教会、正教、そして東西ドイツの復古カトリック教会[1]の合同を推進しようとしていた。その発想は、まさにエキュメニズムである。会議の趣旨は、ヨーロッパ・キリスト教世界の平和と相互理解を図ることであった。ヨーロッパ教会会議(KEK:Konferenz Europäischer Kirchen)は、発足当初は四十、今日では百二十五の教会を擁する。本部はジュネーヴにあり、全体総会が定期的に開催され、幅広いテーマ、とりわけエキュメニカルなテーマについて意見を交換する。

(1)「古カトリック教会」とも言う。教皇不可謬説に反対し、ローマ・カトリック教会から分離して成立したドイツ語圏のカトリック教会。

一九六二年　第二ヴァチカン公会議の開会ミサ

一九六二年十月十一日、聖母マリアの母性の祝日に当たるこの日の朝八時三十分、公会議の参加者およそ二千五百人――司教、専門の神学者を伴った高位聖職者――が、土砂降りの雨のなか、サン・ピエトロ広場を足早に歩いていった。紫色のスータンを着、赤い袖なしマントを羽織った高位聖職者たちが大聖堂内に着席し、ヨハネ二十三世の公会議開会の辞が始まるのを待った。教皇は、この時はまだ、三重冠[1]をかぶっていた（三重冠は、一九六四年十一月十三日、公会議のさなか、パウロ六世によって廃止された）。「公会議は教会のうえに上る輝かしい朝日です。〔……〕朝日の最初の光が私たちの心を優しく満たしてくれます。」教皇は、開会の辞にこれから開かれる公会議の憲章の意味合いを持たせようとしたのだ。

ド・ゴール将軍は、第二ヴァチカン公会議の開催を歓迎し、「今世紀でもっとも重要な出来事」と述べた。というのも、「百万の人の祈りを変えれば、かならず地球全体の均衡に大きな影響を及ぼす」からである。それゆえ同公会議は、単にカトリック教会内部の出来事ではなく、地球規模の出来事なのであり、もっと具体的に言えば、グローバル化した世界で初めて開かれる公会議であった。

会議は、教皇庁があらかじめ用意したプログラム通りに進め、これもあらかじめ用意した決議案をそのまま通す手はずであったが、会議の途中で力関係が逆転した。参加した司教たちが会議の主導権を握り、教皇庁から出された文書をめぐって、熱のこもった、とはいえ整然とした議論を展開した。それはまさに教会の「クーデター」であった(J・コモンチャック)。議論のテーマがずれていき、中央の教導権中心の考え方から、教会を「神の民」である信者たちが構成する社会とする考え方に変わっていった。要するに、中央権力の権威に一方的に従うのではなく、対話の文化に重きを置くべきだということである。

カトリック教会の歴史において、第二ヴァチカン公会議が真に革新的であったのは、そのスタイルであった。水平性、相互性、対話性からなる新しいスタイル。第二ヴァチカンは、まさに「言葉の事件」(J・オマレイ)であり、破門や排斥の雰囲気は消え、信頼のうちに議論が進められた。これまでの公会議では、力関係――進歩派と保守派のあいだの、あるいは継続と断絶のあいだの力関係――で議論が左右されていたが、もはやそれは時代遅れであった。第二ヴァチカンの議論の進め方はより柔軟であり、信仰と変化を調和させる考え方に基づいていた。同公会議の中心理念は「啓示は歴史のなかで起こる」という考えであった。

それゆえまた、一九六二年から一九六五年にわたって開かれた公会議という事件を、三つの歴史的体制を揺るがす震源と考えることもできよう。まずは中世からの長期的スパンで見れば、第二ヴァチカンはニカイア以来の千六百年にも及ぶ公会議の伝統のなかに位置付けることができるが、すでに見たように、同公会議はそのスタイルと言葉によってまったく新しいタイプの公会議であった。同様にまた、そうした公会議の長い歴史において初めてのグローバルな公会議であって、そこに第二ヴァチカンの特殊性と新しさがある。つぎにフランス大革命から近代主義の危機までの長かった十九世紀からの中期的スパンで見れば、第二ヴァチカンの意義は近代世界にたいして教会が長年にわたって抱き続けてきた敵意を捨てたことにある。近代世界の自由主義と歴史主義こそ、教会の仇敵であったが、同公会議はそれらを敵とみなすことをやめたのである。第二ヴァチカンに顕著に見られたのは、現代世界に向かってみずからを解放しようとする努力である。「アジョルナメント（aggiornamento）」すなわち現代化こそ、第二ヴァチカンの基本精神であったが、それは教会を現代社会に適応させることにほかならなかった。しかもこの現代化は、教会が教父や聖書の伝統に深く根差せば根差すほど、スムーズにいくことが明らかになった。教会は、公会議以降、これらふたつの伝統を取り戻すことになる。最後に短期的に見れば、第二ヴァチカンは、冷戦、核戦争の危機、脱植民地化、諸民族の独立運動、さらには「栄光の三十年」[2]と呼ばれた高度経済成長（公会議はテレビを通じて世界中に報道された）といった状況のなかで開かれている。以上のように、第二ヴァチカンは、こうした三つの時間的観点から、ひとつの時代の終わりを――一方ではトリエント主義の終わりを、他方では非妥協主義の終わりを――象徴していると言えよう。とはいえ、こうした変化を求める機運がある一方で、それに抵抗しようとする動きも見られ、両者がもつれ合う状況が続いた。第二ヴァチカンは、緩慢な変化の始まりであって、革命をもたらしたわけではない。

（1）教皇を象徴する冠で、冠を三段に重ねた形から三重冠と呼ばれた。

（2）一九四六年から一九七五年にかけて、世界中の多くの国が驚異的な経済発展を遂げたことを言う。

一九六八年　回勅「フマネ・ヴィテ」にたいする異議申し立て

一九六八年のいわゆる五月革命の騒乱のなかで、他の既成組織と同様、教会も攻撃の的になった。しかし教会権威の危機は、一九六八年の革命騒動以前に始まっていたのである。一九六〇年代の後半から、進歩派の異議申し立てが増え、若者たちの反抗が起こり、フェミニストたちの権利要求が相次ぎ、人文科学の発展が人びとの不安をかき立て、形而上学の衰退が相変わらず続くなか、教会の教導権が揺らぎ始め、世俗化が急速に進行すると同時に、さまざまな危機的兆候が現れ始めた。聖職希望者の激減、教会に通う人の減少、若者の教会離れ、等々。コンガールは「社会的・文化的な大変動であり、その規模の大きさ、急進性、速度、地球的拡がり、いずれをとっても、歴史上、前代未聞である」と述べている。

こうしたさまざまな異議申し立てが相次ぐなか、パウロ六世は、教皇庁専門委員会の七十二名のメンバー大半の慎重意見を押し切って、一九六八年七月二十五日、結婚と産児制限に関する回勅「フマネ・ヴィテ（*Humanae vitae*）」を発布した。その背景には、一九五六年以来、避妊ピルが一般に販売されるようになったこともあり、避妊にたいする教会の教義的立場をもっと和らげてほしいという要求が高まっていたという事情がある。ところが、そうした要求にたいしてパウロ六世は、あらゆる避妊、中絶、不妊手術を否定する教皇庁のこれまでの立場を再確認したのである。抗議と非難の嵐が、カトリック教会内部でも沸き起こった。二百人ものカトリック神学者たちが、この回勅は不可謬の教えではなく、避妊は良心的にも許される、との声明を出した。多くの信者、とくに女性信者が黙って教会を離れ、「この静かなシスマが教皇の権威をさらに揺るがした」(R・エチュガレー)。教会教導権がすでに深刻な危機的状態にあるなか、回勅が発布されることによって、教皇不可謬の原理そのものが疑問に付されるとともに、カトリシズムが現代文化とは相容れず、現代社会から取り残されているという印象を多くの人に与えることになった。

一九七五年　聖書の共同訳

フランス語版TOB[1]が、新約聖書のほうは一九七二年に、旧約のほうは一九七五年に、それぞれ刊行された。歴史上初めて、異なる伝統を持つ諸教会が共同して、ひとつの聖書を翻訳し、注を付し、出版し、さらには改訂することになった。第二ヴァチカンが開催され、教義憲章「デイ・ヴェルブム(*Dei Verbum*)」[2]が公布されたこともあり、プロテスタントとカトリックのあいだで長らく論争の対象となっていた重要なテキスト「ローマの信徒への手紙」について、相互理解を深めようという気運が高まっていた。一九六五年、カトリックとプロテスタントほぼ同数の新約聖書の専門家が共同で作業に取りかかり、一年がかりでやり遂げた。こうして、「ローマの信徒への手紙」は、統一したやり方で、翻訳され、注解され、さらにひとつの序文が付された。細部の不一致は対話によって解決された。この実験によって、聖書全体の翻訳も可能であることが明らかになった。十七世紀にリシャール・シモン(3)が抱いた夢がようやく実現されることになったのである。

百人以上の専門家が参加し、両宗派同数の原則のもとに、つぎつぎと仕事に取りかかった。作業は厳密にコントロールされ、また再検討された。組織的な再読と校閲が行われ、それには、あらゆる宗派の聖書学者(二〇一〇年からは正教も参加している)、文学専門と典礼専門の校閲者、世界中の神学者、世界聖書連盟の責任者、キリスト者統一のためのフランス事務局の責任者、さらには多数の各種批評家たちが参加している。校閲結果はそれぞれの聖書の翻訳者に戻され、訳文の修正に反映される。こうして翻訳は、さらに厳密かつ忠実なものとなり、「共同訳」ではあるが、読みやすい聖書となった。注釈も膨大で多岐にわたるため、全注を付した完全版のほかに、重要な注だけを残した簡略版も刊行されている。翻訳はまさにエキュメニカルであり、それによって、異なる伝統を持つキリスト者の誰もが同じひとつの聖書を読むことが可能になった。

(1) traduction œcuménique de la Bible(聖書のエキュメニカルな翻訳)。
(2)「神の啓示に関する教義憲章」、第二ヴァチカン公会議で公布されたもっとも重要な文書。神の啓示の伝達を担う聖書の解釈問題が扱われている。
(3) リシャール・シモン(一六三八~一七一二)、聖書注解学者、主著『旧約聖書の批評史』。

一九七九年　プエプラ司教会議

一九七九年一月二十八日より二月十三日まで、プエブラ（メキシコ）で、第三ラテンアメリカ司教会議（CELAM）が開催された。議題は「ラテンアメリカの現在と未来における福音伝道」。この機会に、新教皇ヨハネ＝パウロ二世が最初の公式旅行を行った。教皇は長い開会演説を行い、冒頭、マルクス集団社会主義と暴力の使用を糾弾した。具体的には、解放の神学者たちの解放論がおもに依拠しているマルクス主義的分析にたいする批判であった。プエブラ司教会議は、ラテンアメリカで進行する「現代化（aggiornamento）」が最高潮に達した一九六八年にメデジン（コロンビア）で開催された司教会議（「ラテンアメリカの第二ヴァチカン」と呼ばれた）のいわばアンチテーゼであった。

しかし、教皇演説のテキストを詳しく見ても、解放の神学を断罪する言葉はどこにも見当たらない。会議に先立って定められた基本方針、またあらかじめ用意された原稿にもかかわらず、教皇が演説の本題で強調したのは貧困の問題であり、キリスト教基礎共同体（CEB）[1]の活動を高く評価し、教会が解放のための福音伝道を続ける必要性を力説した。

解放の神学にたいするローマの批判がもっとあからさまになるのは、一九八三年になってからのことである。教皇庁の教理省長官ラッツィンガー枢機卿[2]は、ペルー司教会議に宛てて、「グスタボ・グディエレスの神学についての十の所感」を送った。グディエレス[3]こそは解放の神学の生みの親であった。枢機卿は、解放の神学が「聖書における貧しき人と資本主義体制に搾取された犠牲者をいっしょくたにし」、革命活動を支持することによって、福音書のメッセージをゆがめている、と指摘している。枢機卿は加えて、ローマは人権のために闘うが、しかし「教会固有のやり方で」なければならない、とも言っている。「ヨハネ＝パウロ二世によって現代化された教会の社会教理こそが、司牧活動を行ううえで、容認し得る唯一の根拠である。どれほど熱心に活動するとしても、それだけは守らねばならない」（O・コンパニョン）。

（1）解放の神学との関連から生まれた信徒たちの自主組織。「信仰と政治社会生活」、「祈りと共同作業」、「信仰と民衆運動」などについて学習し、みずから実践する。

（2）ヨーゼフ・アロイス・ラッツィンガー（一九二七生）、後の教皇ベネディクト十六世。

（3）グスタボ・グディエレス（一九二八生）、ペルー出身のドミニコ会士、カトリック司祭、神学者、開放の神学の提唱者のひとり。

一九九九年　義認の教理についての共同宣言

「信仰のみ（Sola fide）！」このルターのスローガンはプロテスタンティズムの核心をなす。人間は、信仰のみによって義認される――義とされる、つまり救われる――のであって、業（善行）によってではない。ルターの場合、この義認の教理は、免罪符売買、つまり金を払えば、キリストおよび諸聖人の功徳によって罪が許されるという考えにたいする批判の延長線上にある。ルターは聖パウロを徹底的に読み込み、そこから、人間の力だけでは――どれほど善行を成し遂げたとしても――救いを得ることはできない、という結論に達した。それにたいしてカトリック側は、トリエント公会議において、救いは信仰〈と〉業によって得られる、と反論した。

こうした神学的対立が今もなお続くなか、エキュメニカルな――とりわけルター派とカトリックのあいだの――対話の努力が積み重ねられ、当然の成り行きとして、信仰分裂のもととなったこの論争点に問題が絞られた。一九九九年十月三十一日――まさに象徴的な日付である![1]――、アウグスブルクにて、両宗派のあいだで、注目すべき合意文が調印された。それが「義認の教理についての共同宣言」である。両者の合意点を列挙するとともに、それでも残る双方のこだわりについてもまとめている。分裂して五百年、ローマ・カトリック教会とプロテスタント諸教会の関係の歴史的転換点と言ってもよかろう。とはいえ、ヴァチカンは、二〇〇〇年紀の聖年に合わせて、ふたたび贖宥を実施している。

(1) 一五一七年の十月三十一日、ルターが九十五か条の提題を教会の門扉に掲げた。

二〇一三年　ベネディクト十六世の辞任

退位や譲位ではなく、断念による辞任である。ヴァチカンの教会法学者たちは、ジャーナリストたちがこの事件をうまくコメントできるよう、そのように説明した。教皇は、退位したというよりも、みずからの任務を断念して辞任したのである。二〇一三年二月二十八日、ベネディクト十六世(ヨーゼフ・ラッツィンガー)は、健康上の理由で、辞任を告げた。

このふるまいは、近現代では未聞と言ってよい。しかし昔は、むしろありふれた問題であった。教皇制が始まってから大シスマの時代にいたるまで、教皇の退位はめずらしくなかった。廃位された教皇（ヨハネス二十三世）、失脚した教皇（ベネディクト十三世）、追放された教皇（マルティヌス一世）、退位を迫られた教皇（グレゴリウス十二世）、さらにはみずからの意志で退位した教皇（ケレスティヌス五世）。このように、少なからぬ教皇がさまざまな理由で退位している。教皇退位に関しては、教会法に厳格な規則がある。退位が有効と認められる唯一の条件は、それがみずからの自由意志に基づく（libere et voluntarie）ということである。それゆえ、グレゴリウス十二世の場合のように強いられた退位というのは本来あり得ない話であり、大シスマの時代の教皇退位については、さまざまな議論がある。たとえ暗黙のうちであれ、辞任を迫られて退位した場合、その退位は無効ではないか。強いられた退位は、圧力の加わった選挙と同様、無効であろう。

この問題に関しては、さまざまに意見が割れている。教皇の辞任は、いかなる場合であれ、羊たち（信徒たち）を脅かしている脅威をまえにしての、あるいはその任務の重さにたいしての、羊飼い（司牧者）の責任放棄である、という意見もある。そもそも、教会法は教皇の辞任を否定しているのだ。ところが、ケレスティヌス五世のように、即位後たった五か月で、教皇の任を果たせないとして退位した場合、それは謙遜と聖性の表れとされる。教皇の「全権（plenitudo potestatis）」という法概念を作り出した教会法学者たちは、教皇の辞任を、教会組織そのものを危うくするものとして、断固拒否しているが、フランシスコ会は、初代総長であったフランチェスコがみずから辞任したこともあって、この問題に関しても柔軟に考えている。すなわち、教皇には「ふたつの体」、すなわち私人としての体と教皇任務の権利および特権を保持する神秘の体があり、私人としての体は自由のままであるから、辞任は可能である、という考えである。まったく逆に、全権を持っている者だけが、みずから進んで退位することができる、という意見もある。教皇は、みずからの持つこの全権によって、最高権力を放棄するという究極の決断を下すことができるのである。そのときこそ、君主は権力の絶頂に達することになる。彼は、あらゆる拘束を免れているという意味において、まさしく絶対(1)(ab-solu)なのである。まさに政治にまつわる神秘である。リア王のごとく、引退することによって、至高権を獲得するのだ。

二十一世紀を迎えた今、さすがに教会法学者たちも考え直したようだ。ベネディクト十六世の辞任という緊急事態に直面して、彼らは、教皇とはひとりの人間が引き受ける職務であって、ひとつの職務を引き受ける人間ではない、と言い出したのだ。その人間が辞任すれば、職務に伴う特権(神聖性、不可謬性など)を失う。このように、教皇職はひとりの人間に結びついているのではない。ベネディクト十六世の辞任が意味するのは、まさにそのことである。

哲学者ジョルジオ・アガンベン(2)が示唆するところでは、ベネディクト十六世の辞任の根本動機は、現代という時代における教会の精神的貧困化にあるようである。この事実は、教会を罪に汚された部分と神に祝福された部分とに分けるティコニウス(3)の二元論的神学の光に照らしてみれば、明らかである。ベネディクト十六世は、教皇の職務を果たしていくうちに、自分は教会をもっぱら経済ベースで運営していけるような人間でもなければ、逆にすっかり方向転換し、あらためて終末（神の国）を目指すことも不可能である、という結論にいたったにちがいない。要するに、彼は、「終わりの時」（アガンベン）を迎えた現代世界において、自分のような人間には教会を統治することはとうてい不可能であると判断したのだろう。このイタリア人の哲学者によれば、アノミー（法と秩序の不在）という神秘、そして「悪の神秘（mysterium iniquitatis）」、要するに人間世界と悪の関係は、教会の起源以来、たえず変化してきたのである。この世界はもはや、アウグスティヌスの思想に顕著に見られるように、善と悪とがぶつかり合って善が勝利を収める舞台でもなければ、エルサレムとバビロンの二律背反からなるわけでもなく、むしろ善のなかに悪が分かちがたく食い込んでいる場所なのである。教会はキリストの教会であると同時にアンチキリストの教会でもある。アガンベンは、ベネディクト十六世の決断をそうした文脈においてとらえ、「結果的に見れば、この実例から、われわれが生きている民主主義社会の政治状況を分析するためのヒントを引き出すことも可能である」と述べている。

（1）フランス語で「絶対の」を意味する形容詞 absolu は、もともと absoudre（解く、自由にする、釈放する）の過去分詞形である。
（2）ジョルジオ・アガンベン（一九四二生）、イタリアの哲学者。美学、政治哲学。
（3）四世紀、異端ドナティスト派の神学者。

二〇一三年三月十三日　フランシスコ、新しいスタイルの教皇？

二〇一三年三月十三日、コンクラーヴェにおいて、ブエノスアイレス枢機卿ホルヘ・マリオ・ベルゴリオが教皇に選出された。メディアは、早速、この二六六代目の教皇の誕生を祝して、「新しいスタイルの教皇」と報じた。当時の新聞を読むと、いろいろ書かれている。フランシスコを名乗る最初の教皇、イエズス会出身の最初の教皇、ヨーロッパ以外から選ばれた最初の教皇、南アメリカ出身の最初の教皇、アルゼンチン出身の最初の教皇、選出された当日、ヴァチカンのロギア（開廊）にスータン姿で現れた最初の教皇、ヴァチカン宮殿ではなく、サン・マルタ館[1]に住むことにした最初の教皇。

教皇が成し遂げようとしているのは、何よりまず、彼が選んだ名前の通り、アシジのフランチェスコ流の福音的素朴さへの回帰である。それゆえ、彼が計画し、仕事始めとして行ったのが、教皇庁とその中央集権的機構の改革であったことは、驚くに当たらない。新教皇が目指したのは、刷新、開放、そして現代化（aggiornamento）であった。

だがその刷新は、二十世紀の過去数十年の教会統治のあり方からすれば急進的に見えるとしても、フランシスコの改革姿勢は、教皇庁の歴史に深く根差したものである。彼は、中世以来、しばしば大胆に（ただし成功することは稀だったが）、改革し得ないものをなんとか改革しようと試みた改革主義教皇の系譜に連なる。これら過去の偉大な教皇たちのように、フランシスコは教皇庁とその過度な中央集権主義を改革しようという姿勢を示している。それは、アヴィニョン教皇庁時代に厳格なシトー会士ベネディクト十二世やその継承者のひとりウルバヌス五世、さらには、選出の数週間後に反改革派の枢機卿団によって引き起こされる大シスマ以前のウルバヌス六世などがやろうとしたことであった。専制主義を防ぐべく集団指導体制を取ることを訴え、教会統治のために九人の枢機卿を顧問とし、枢機卿たちのローマでの豪勢な暮らしぶり、宮殿の分かりにくい仕来り、銀行口座のずさんな管理を非難告発し、司教会議の開催を奨励し、各地方の司教区に権力を移譲しようとするフランシスコは、教会立憲主義の長い伝統を継承していると言えよう。その基本思想は、首長の権力と組織の中央集権は行き過ぎてはならず、制御し、方向づけ、均衡をとらねばならない、ということにある。

教会の長い歴史を通して続くこの伝統は、それゆえ、「新しいスタイル」どころか、自己改革しようとする教会——「教会はつねに改革されなければならない（Ecclesia semper reformanda est）」(2)——がつねに抱き続けてきた関心事なのであり、つまるところ、教会のあらゆる改革に伴う緊張感なのである。この緊張感は、教会は「神の国」をめざすという終末論の観点から「この世」にたいして無関心でなければならないということがある一方で、この世との溝があまり大きくならないようにしなければならない、さもないと誰も教会の言葉を聞かなくなる（回勅「フマネ・ヴィテ」の場合がそうであった）ということが他方にあり、この両者のあいだでうまくバランスを取らねばならないということから生じている。以上が、改革主義と伝統のあいだに活路を見出そうとするフランシスコの「スタイル」である。反改革主義のときに打ち勝ちがたい重力（おそらくは教皇庁内の反改革主義がもっとも恐るべきものである）にもかかわらず、フランシスコはみずからの活動を現代ではすっかり忘れられた伝統のなかに巧みに根付かせようとする。だがその試みは、教会のもっとも有力な人物たちを離反させ、カトリック世界に不安をかき立てるおそれもあり、フランシスコはもっぱら教会の外でだけ人気のある教皇ということにもなりかねない。

（1）サン・ピエトロ大聖堂に隣接する建物。教皇庁関係の聖職者の宿泊施設。

（2）一九四七年にカール・バルトが使って有名になった言葉だが、もともとはアウグスティヌスの言葉だとも言われている。とりわけ、改革派プロテスタント神学者が好んで使う言葉である。

訳者あとがき

本書は、Bénédicte Sère, *Les 100 dates de l'histoire de l'Église* (Coll. « Que sais-je ? », n° 3987, 2018) の全訳である。

本書『キリスト教会史一〇〇の日付』の意図および趣旨は、「はじめに」に具体的に詳しく述べられている通り、単にキリスト教会の通史や全体史を略述することではなく、「教会とは何か」という問いにたいし、多面的なアプローチを試みることによって、教会のさまざまな相貌を描き出すことである。

> 私がやろうと思ったのは、むしろ、教会史にひそむ驚くべきこと、不都合なこと、逆説的なことを、あえて掘り出すことでした。もちろん、歴史の本道たる名高い日付、どっしりした日付、堂々たる日付を忘れてはいませんが、それだけではなく、ときには人があまり通らない脇道に入り込んだりもします。すると、教会の別の顔、意外な顔が現れてきます。(本書「はじめに」)

本書の魅力は、何よりもまず、このように「教会史にひそむ驚くべきこと、不都合なこと、逆説的なことを、あえて掘り出すこと」によって、「教会の別の顔、意外な顔」を示してくれるところにあると言えよう。それによって読者は、既成概念、固定観念から自由になり、キリスト教会の歴史について、さらには「教会とは何か」という問いにたいして、さまざまに屈折した省察に導かれる。

本書のもうひとつの特徴は、「教会」の意味範囲を可能な限り広げているという点にある。


そこには、ラテン・ローマ教会のみならず、プロテスタント教会、さらには正教会も含まれます。同様にまた、西欧の教会だけでなく、世界中のあらゆる文化圏の教会、ヨーロッパ以外の諸大陸の教会も含まれます。それらをうまく結びつけ、ひとつの歴史として語りたいと思います。(同前)

歴史の長さからしても、また歴史において果たした役割の大きさという観点からも、ローマ・カトリック教会が中心にならざるを得ないが、著者は、正教会やプロテスタント教会にも、公平な目配りを忘れてはいない。とくに近代以降、教会が西欧という枠内から全世界に広がっていく過程において、政治的にも、社会的にも、文化的にも、さまざまな軋轢や葛藤を引き起こしたことを具体的かつ客観的に描き出している。

さらにまた、近代という時代に、教会がどのように対処してきたか、ということも本書の主要テーマのひとつになっている。そもそも、近代国家および近代市民社会とキリスト教は本質的に相容れないのであり、近代国家および近代市民社会が確立され、成熟していくにしたがって、教会は国家および社会の中枢から排除され、周辺に追いやられることになる。近代以降の教会史とは、近代化にたいする抵抗、後退、反動、そして妥協の歴史にほかならないが、しかしそのことが逆に、近代および現代という時代の本質を鮮やかに照らし出しているとも言えよう。

以下、本書を通じて浮かび上がってくる教会の姿とその問題点について、簡単にまとめてみたい。

(一) 教会の誕生

冒頭の「イエスの磔刑と復活の告知」に書かれているように、キリスト教の歴史は、イエスが十字架刑に処せられた三日後に始まる。

それから三日後、ユダヤの過越祭の日の朝、物語は始まる。何人かの弟子たちが、イエスの遺体を納めた墓が空になっていることを確かめ、師は復活したのだと言い出す。キリスト教の歴史はまさしく、空の墓を前にして、彼らがイエスの復活を信じたことから始まるのである。(本書一六頁)

イエスの復活を信じるとは、何を意味するのか。それは、人間をはじめ、すべての生物がそれによって生きていると私たちが信じている自然的生命、いずれは死によって断ち切られる生命とは別の生命、いわば〈永遠のいのち〉というものがあり、しかもそれこそ、人間を真に生かす〈いのち〉だと信じることである。この〈いのち〉こそ、聖霊としての神自身にほかならない。それゆえ、イエスの復活を信じるとは、聖霊を信じることであり、信じることによって、みずからが聖霊に満たされる。

五旬祭の日が来て、一同が一つになって集まっていると、突然、激しい風が吹いて来るような音が天から聞こえ、彼らが座っていた家中に響いた。そして、炎のような舌が分かれ分かれに現れ、一人一人の上にとどまった。すると、一同は聖霊に満たされ、《霊》が語らせるままに、ほかの国々の言葉で話しだした。（「使徒言行録」二—一～四）

本書でも述べられているように（一六頁）、伝統的にこの日（聖霊降臨祭）が教会誕生の日とされているが、このことは、教会（Eglise）とは、もともと、聖霊を信じ、聖霊に満たされた者たちの集い（Ecclesia）であることを意味する。

というのも教会は、何よりもまず、聖霊に満たされた人びとの集い、キリストと信徒たちの「交わり（communio）」の場なのである。（本書一三三頁）

言い換えれば、教会とは、本来的に、この世の生命、自然的生命とは別の〈いのち〉＝聖霊によって生きる集団、つまりはこの世のそれとはまったく異なる論理や秩序に支配される集団なのである。ちなみにイエスは、自分の弟子たちについて、「わたしがこの世に属していないように、彼らもこの世に属していない」（「ヨハネによる福音書」一七—一四）と言ったが、イエスの弟子たちの集いである教会も、もともと、この世には属していないはずなのである。周知の通り、イエスは、福音を説き始めるのに先立って、悪魔から試みを受けた。悪魔とはこの世の誘惑にほかならず、それはこの世において万能——石をパンに変える力、不死の命、絶対の権力——でありたいという人間誰しもが持つ願いである。だがイエスは、この誘惑をきっぱりとはねつける。

「もし、ひれ伏してわたしを拝むなら、これをみんな与えよう。」と〔サタンは〕言った。すると、イエスは言われた。「退け、サタン。『あなたの神である主を拝み、ただ主に仕えよ』と書いてある。」そこで、悪魔は離れ去った。（「マタイによる福音書」四―九〜一〇）

当然ながら、キリストと信徒たちの交わりの場である教会もまた、この世に富や権力を持つことを拒否しなければならない。さもなければ、キリストの真の弟子になれず、それゆえに、聖霊に満たされ、真の〈いのち〉を生きること、つまりは「神の国」に属することはできない。

パウロやペトロによって創始されたばかりの教会、いわゆる原始教会が、この世の富や権力を真っ向から否定し、ひたすら神の国を希求する集団であったとすれば、当時の権力者たち、具体的には歴代のローマ皇帝が、この世の秩序や価値観を否定し破壊する集団として、教会を危険視し、徹底的に迫害しようとしたのも、むしろ当然であった。本書の「デキウスによる迫害」の項において詳しく語られている通り、ネロ統治下の六四年には、早くもキリスト教の弾圧が始まり、同年にペトロが、六七年にはパウロが、それぞれ殉教している。キリスト教弾圧が絶頂に達したのは三世紀の中頃からであり、デキウス、ウァレリアヌス、ディオクレティアヌスが、それぞれ、大規模かつ全面的な迫害を敢行した。

(二) この世の権力との関係

ところが、以上のようにキリスト教を邪教扱いし、徹底的に迫害し、弾圧していたローマ帝国が、急転直下、キリスト教を保護・優遇し、やがては国教化するにいたる。それを積極的に推し進めたのがコンスタンティヌス帝である（「ミラノ勅令はほんとうに出されたのか?」の項参照）。

政治感覚に優れたコンスタンティヌスは、帝国のキリスト教化というカードを切ることで、領土統一を推し進めるとともに、神に選ばれた皇帝という自己権威付けを図ったのである。こうしてキリスト教は、帝国の宗教となった。（本書二六頁）

コンスタンティヌス帝がキリスト教を受け入れ、それを国教化するにいたった経緯は、以上の文章によって説明がつくだろう。人びとを動かす大きな力を持つ宗教を時の権力者が利用したり、後ろ盾にしたりすることは、洋の東西を問わず、しばしば見られることである。

だが教会の側からは、そうしたこの世の権力との結託、一体化はどう説明されるだろうか。イエスの教えからすれば、また原始教会の精神からすれば、それはまさに教会の腐敗・堕落ではないだろうか。そうした批判は当時からあっただろうし、後世においても（ルター、ドストエフスキーなど）、さらには現代においても（シモーヌ・ヴェイユ）、そうした観点からのローマ・カトリック教会批判は根強く残っている。

しかし、事はそれほど単純ではあるまい。たとえキリスト者であろうとも、人間は生きているかぎり、この世の一存在であることをまぬがれない。ましてや、そうした人間が形成する集団は、キリスト教会といえども、この世の組織であることには変わりなく、そうである以上、政治権力と無関係ではあり得ない。しかも、その組織が大きくなればなるほど政治化していくことは必然の成り行きである。やがてローマ教会は、

西欧の諸王・諸侯を道徳的・精神的に支配する最高権威となることを目指すまでになる（「ヴォルムス協約」の項参照）

じっさい、グレゴリウス改革は教会を、俗界から独立しているがゆえに、俗界をも支配する最高決定機関たらしめることを目指していたのだ。（本書五六頁）

その改革の総決算が、インノケンティウス三世が招集した第四ラテラノ公会議であり（「第四ラテラノ公会議」の項参照）、かくして教会は世俗権力のうえに君臨することを誇る絶頂期を迎える。中世盛期、インノケンティウス三世に代表される歴代教皇の念願は、この世に「神の平和」をもたらし、「神の国」をこの世に実現することであった。しかしそのためには、この世の権力と結びつき、それを動かすことが不可欠である。もし仮に、この世のあらゆる権力者がキリスト教を信じ、キリストの教えのもとに世を治めるなら、この世はかぎりなく「神の国」に近づき、人びとは「神の平和」を享受できるだろう。それこそ、中世の理想であったはずである。たとえば、聖王と呼ばれたルイ九世の治世などは、そうした中世の理想に近づいた時代であったようにも思われる（「ルイ九世、チフスに罹り、チュニスで死去」の項参照）。キリスト教王国を理想の国家像とする考えは、近代になってからも（たとえばバルザック）、さらには二十世紀になってからも（たとえばジョルジョ・ベルナノス）、根強く残っているが、あながち歴史的感傷とは言い切れないだろう。

ただし、ローマ・カトリック教会が政治権力と結びつくことで、あるいはみずから政治権力を発動することで、いくつかの大きな過ちを犯したことは否定できない（「ザラとコンスタンティノープルの略奪」、「アルビョワ十字軍を率いるシモン・ド・モンフォール」、「異端審問」の項参照）。

十八世紀の啓蒙思想家たちによって、また十九世紀の反教権主義的言説において、教会の独断専制主義、その背後にひそむ狂信の範例とされた異端審問は、その後のあらゆる時代の教会批判者たちにとっても、格好の攻撃材料となってきた。教会自身もまた、二十世紀の終りに、「悔悟の運動」を始め、十字軍、ユダヤ人迫害、宗教戦争と並んで、異端審問も「教会の暗い記憶」の一齣であることを認めるにいたった。（本書六六頁）

いずれにせよ、宗教と政治権力の関係は、普遍的かつ永遠の課題であろう。

（三）非ヨーロッパ世界への宣教

キリストの教え、すなわち「福音（evangelion）」を他者に伝え、世に広めることは、キリスト者の、そしてキリスト教会の、もっとも重要な任務のひとつである。じっさい、キリスト教会は、現代にいたるまで、絶えることなく宣教と伝道を熱心に行ってきた。

とりわけ、新大陸発見以降、非ヨーロッパ世界への宣教活動が本格化するが、ここでも問題となるのが、経済進出、さらには植民地化といったこの世の論理との結びつきである。本書は、フランシスコ・ザビエルの鹿児島渡来に始まる日本での宣教活動の実例として「大村純忠の受洗」を取り上げ、この大名の改宗がポルトガル商人の日本進出と密接に関わっていたことを明らかにしている。純忠の受洗は、大村領内にある横瀬浦にポルトガル船舶が入港できるような国際港を敷設すべく、ひとりのポルトガル人――元貿易商のイエズス会士――が純忠に接近し、それに純忠が応じたことがきっかけだった。横瀬浦は一五六二年に開港したが、それは「イエズス会、ポルトガル商人、そして大村領の武士たち、この三者の結託の成果」なのであり、このように当初から、「宣教事業と商業的進出がペアになっていた」のである。

純忠の受洗はカトリック宣教活動の日本における最初の［……］勝利でもなければ、日本の全民衆の改宗に向けての希望の星でもなかった。それは日本の弱小大名の生き残り戦術だったのであり、一方ではまた、ヨーロッパとはまったく異なる文化を持つ社会で宣教活動を行うにはそれなりの妥協や便法も必要になってくることを物語っている。（本書一〇六頁）

ところで、新大陸では、経済進出どころか、あからさまな侵略、先住民の征服、そして植民地化が強行され、それに付随する形で、キリスト教宣教もさかんに行われる。ここでも、教会の果たした役割はあいまいである。そのあいまいさについては、「バリャドリッド論争」に詳しく語られている。

この論争は、スペインによるアメリカ植民地化が進行する最中、哲学者セプルベタとメキシコ・チアパス司教ラス・カサスのあいだで行われた。この論争の最大のテーマはインディオ（インディアス先住民）とスペイン人は平等か否かということであった。セプルベタは、不平等は先天的なものであり、したがって、優等者が劣等者を、つまりはスペイン人がインディオを、征服することは正当化されると考える。これにたいしてラス・カサスは、福音書の教えに基づき、人間は皆、神に似せて造られたのであり、それゆえ、平等こそはあらゆる人間の法の根幹であるとして、「汝の隣人を汝自身のごとく愛せ」というキリストの言葉を援用している。

ラス・カサスの弁論は、いかにもキリスト者らしく、現代の常識に照らしても、穏当であり、正当であるようにも思える。だが、ここにも大きな問題が隠されている。

〈汝自身のごとく〉――ラス・カサスの提言のあいまいさはことごとくこの言葉に起因している。ラス・カサスの偏った平等解釈では、他者は自己に同一化され、他者性は自己同一性に還元されてしまう。たしかにラス・カサスは〈コンキスタドール〉の暴虐を告発し、インディオの立場を擁護しているが、一方では、キリスト教を万人に当てはまる普遍的価値とみなし、キリスト教布教とインディオ民族の平和的植民地化を重ね合わせている。たしかに穏健な植民地化ではある。〔……〕しかし植民地化には変わりなく、インディオの人びとは「よき野蛮人」として服従を強いられる。（本書一〇一～一〇二頁）

著者によれば、ラス・カサスの「寛大な精神、温和な慈愛心をもってしても、みずからの固定観念を変えることはできず、インディオの他者性を自己同一性に還元してしまった」のであり、「外部の他者性を、キリスト教に回心させることによって、消し去ってしまおうとした」のである。こうした〈外部〉＝〈他者〉の否認あるいは排除という問題こそ、とりわけ近代以降のキリスト教会が克服すべき最大の課題のひとつであり続けていると言わねばなるまい。〈外部〉＝〈他者〉の否認ないし排除とは、言い換えれば、キリスト教中心主義（それはそのままヨーロッパ中心主義に重なる）ということであり、それは結局のところ、絶対の他者としての神を自分のものにすること、神を自己同一化することにほかならない。だが、絶対の他者である神を自分のものにする、自己同一化するとは、まさに偶像崇拝にほかならず、すでに真の神を見失っていることを意味するだろう。著者は「自己超越と〈他者〉の顕現（エマニュエル・レヴィナス）の時代は、この十六世紀には、まだ到来していなかった」と述べているが、この問題については、現代においてなお、キリスト者が、そしてキリスト教会が、みずからに厳しく問い糺し続ける必要があるだろう。

(四) 近代世界における教会

近代とは、人間が絶対の主体を自負するにいたった時代、いわゆる人間中心主義（humanisme）の時代である。それは、主体である人間の対象としてある世界、つまりこの世、俗世をそのまま肯定することを意味し、かくして人間の欲望や利害関係が織りなす世界、人間の支配、所有、開発、管理の対象としての世界が、唯一絶対の世界となる。

当然のことながら、近代世界では宗教は本来的な意味を失う。人間が絶対の主体であるとすれば、人間を超えた存在はあり得ないのであり、神も、神の国も空疎な概念でしかない。たしかに、近代になってもキリスト教会は存在し続けるが、絶対の主体であることを自負する近代人にとっては、人間や社会に役立ち、利用価値があるかぎりにおいてしか、存在意味はない。

そもそも、近代とは、国家的レベルにおいても、社会的レベルにおいても、さらには個人的レベルにおいても、神＝教会に頼らずに生きることができるまでに、人間が強くなった時代であり、逆に言えば、神＝教会に頼らずに生きることができるまでに人間が強くなることによって、近代という時代を迎えたのである。

一言で言えば、神からの人間の自立ということ。具体的には、産業や商業の発達による富の蓄積、交通網の整備、大洋を横断し得る船の建造、それに付随する新大陸発見など、人間の能力への無限の期待と信頼が生まれたことの結果であろう。

中世においては、すくなくとも建前としては、ローマ教会が西欧諸国家のうえに絶対権威として君臨していたが、十四世紀以降、教会と諸国家の関係は次第に変化していき（「ボニファティウス八世、勅書「ウナム・サンクタム」を発布する」の項参照）、両者の駆け引き、せめぎ合いが続くことになる。たとえば、一四三八年にブールジュで起草されたフランスの「国事詔書」は、両者の力関係が逆転していく過程を物語っている。

この「国事詔書」は［……］フランスにおける教皇特権を制限するとともに、教皇の越権行為を告発［……］することを狙っていた。それは改革の精神に基づくもので、教皇の権力濫用の抑止、教皇年貢の廃止、さらには教皇納税そのものの廃止［……］を定めている。それは同時に、国王の絶対支配権の精神にも基づいており、司教選挙に国王が介入できるとしたこと、また聖職禄にたいする教皇の裁量権を廃止するとしたことなどに、その精神は表れている。（本書八四〜八五頁）

さらに一五三四年、イギリスでも「国王至上法」が議会で承認され、この法律に基づき、国王ヘンリー八世は「ローマの権威と決別し、神によって直接任じられた王であることをみずから宣言し」、「以来、王はイングランド王国の教会を完全に掌握することになる」。ルター、カルヴァンによってプロテスタント教会が創設されたことで、ローマ教会の権威はますます弱まっていく。一五五五年の神聖ローマ帝国皇帝カール五世の退位宣言は、まさに中世の終りを象徴している。カール五世の退位は、ひとつの夢が失敗に終わったことを物語っている。宗教統一とキリスト教王国実現の夢。そしてプロテスタントの攻勢からカトリックを守り、反抗する臣民たちを再回心させるという夢。一言で言えば、帝国的メシア思想とキリスト教世界の勝利の夢である。しかし、この夢はまさに中世的と言わねばならない。[……]カール五世の退位は、中世キリスト教世界の終焉を意味した。(本書一〇四頁)

その後、ローマ教会はトリエント公会議などを通じて巻き返しを図ろうとするが(いわゆる反宗教改革)、それは一種のアナクロニズムにほかならず、近代化の流れをとどめることはとういてできない。

トリエント精神の核心にあるのは、はるか昔にさかのぼるローマ中心主義であり、〈教皇権至上主義〉の復活である。[……]当然ながら、トリエント精神は、宗教戦争後のふたつの権力、すなわち俗権と聖権のあいだの緊張をふたたび高めることになった。教皇領の統治者でもある教皇はふたつの権力をひとつのものとして考えようとするが、フランスやイギリスの王は、世俗の主従関係から宗教的要素を一掃すべく、両者を切り離そうとする(ナントの勅令や一六二六年の国務諮問会議決定)。ポスト・トリエント精神は、近代化に抗うことによって、逆に政治と宗教の関係を疎遠にしてしまったと考えることもできよう。その結果、教会と国家の分離という事態となり、ライシテ(非宗教性)とい

う考えが生まれる。(本書一〇八〜一〇九頁)

政教分離、国家・社会のライシテの流れは、近代という時代の歴史的必然として進行していく。フランス大革命は「まさに非キリスト教化の組織的企て」であったし、その後、教皇との妥協を図ったナポレオンのコンコルダ体制も、結局のところ、「宗教の社会的有用性を認めさせることには貢献したものの、教会にかつての権勢を取り戻させる糸口にはならなかった」。

コンコルダは、カトリックを「フランス人の大多数の」宗教としながらも、国教とはしなかったし、またふたつのプロテスタント信仰とユダヤ教の存在を認めることによって(一八〇八年)、宗教的多元主義と国家の非宗教的立場を基礎づけた。以後、いずれの国も特定の宗教を国教とすることはなくなるだろう。(本書一三二頁)

その最終帰結が、一九〇五年にフランスで成立した政教分離法である。

「離婚だ!」急進主義者ジョルジュ・クレマンソーは、一九〇四年、『オーロール』紙の記事で、啖呵を切った。この言葉が直接意味するのは、ローマ教皇庁との外交関係の断絶であるが、もっと広い観点から見れば、一七八九年に始まった非宗教化と世俗化の流れの帰結を意味する。(本書一四八頁)

十八世紀に起こった啓蒙思想も、みずからを絶対の主体、絶対の原理とする人間の経験知から生まれたものであり、ディドロとダランベールが編纂した『百科全書』にも見られるように、その根本精神は人間にとっての実用性、功利性である。近代自然科学もまた、みずからを絶対の主体とする人間が、その絶対の主体という立場＝視点から、世界を対象化、客体化したうえで、対象化、客体化された世界を支配する普遍的法則を明らかにしようとする営みにほかならない。このことは、単に自然科学のみならず、社会科学や人文科学についても言える。要するに、科学の立場に立つかぎり、超越的世界、そして神はおのずから排除され、否定されるのである。

古生物学、考古学、文献学が急速に進歩しつつある時代にあって、伝統的なカトリック信仰を離れたばかりのエルネスト・ルナンは、コレージュ・ド・フランスのヘブライ語教授となり、イエスが「卓越した人間」であることを教えることによって、みずからの合理信仰を実践しようとする。だがこの言葉は物議をかもし、一八六二年、講義は中断を余儀なくされる。その翌年、彼は『イエスの生涯』を執筆するが、文献学的、歴史学的、心理学的にイエスの生涯を再構成する手法は、まさに彼の合理信仰に基づいている。（本書一三九頁）

このように科学の立場に立つかぎり、イエスは神ではあり得ず、いかに「卓越した人間」であっても、人間であることには変わりない。ルナンの「合理信仰」とは科学信仰にほかならない。こうした科学信仰は、自然科学が発展し、その産業技術への応用が大規模に進んだ十九世紀には急速に広まり、知識人のみならず一般民衆の常識となる。

言うまでもなく、教会は、こうした近代化、世俗化の大きな流れに強い危機感を抱いた。ローマ教会が、近代化、世俗化への対抗理論として打ち出したのが、第一ヴァチカン公会議で布告された教皇不可謬の教義、すなわち、教皇の権威において「エクス・カテドラ（ex Cathedra）」（聖座から）布告した教義は不可謬であるという主張である。

> 教会首長の不可謬とは、一方では人民の絶対主権という革命理論、他方では科学の絶対真理という実証主義理論、それらを標的にした対抗理論にほかならない。一八七〇年に布告された教皇不可謬の教義は、教会が受けているさまざまな攻撃（歴史科学、ダーウィニズム、教育の非宗教化、さらには教皇領への直接攻撃）にたいする防衛反応として〔……〕制定されたものである。（本書一四二頁）

しかし、教会内ですら異論があったこの教皇不可謬の教義は、一般世論からは、あからさまな独裁主義、非妥協的教条主義、「さながら反革命の黙示録的幻想の再出現」と酷評され、教会と市民社会のあいだの溝、両者の乖離をさらに押し広げることにしかならなかった。

一九六三年に開催された第二ヴァチカン公会議は、こうしてますます広がるばかりの教会と市民社会との溝を埋め、教会を現代社会に適応させようとする試みであった。

第二ヴァチカンの意義は近代世界にたいして教会が長年にわたって抱き続けてきた敵意を捨てたことに

ある。近代世界の自由主義と歴史主義こそ、教会の仇敵であったが、同公会議はそれらを敵とみなすことをやめたのである。第二ヴァチカンに顕著に見られたのは、現代世界に向かってみずからを解放しようとする努力である。「アジョルナメント（aggiornamento）」すなわち現代化こそ、第二ヴァチカンの基本精神であったが、それは教会を現代社会に適応させることにほかならなかった。（本書一六一頁）

こうした努力にもかかわらず、その後も教会の権威はますます失墜していき、現在にいたるまで、教会の危機は深まるばかりである。

一九六〇年代の後半から、進歩派の異議申し立てが増え、若者たちの反抗が起こり、フェミニストたちの権利要求が相次ぎ、人文科学の発展が人びとの不安をかき立て、形而上学の衰退が相変わらず続くなか、教会の教導権が揺らぎ始め、世俗化が急速に進行すると同時に、さまざまな危機的兆候が現れ始めた。聖職希望者の激減、教会に通う人の減少、若者の教会離れ、等々。（本書一六二頁）

そんななかで、教皇パウロ六世は、一九六八年、結婚と産児制限に関する回勅「フマネ・ヴィテ（*Humanae vitae*）」を発布した。その背景には、避妊ピルが一般に販売されるようになったこともあり、避妊にたいする教会の教義的立場をもっと和らげてほしいという要求が高まっていたという事情があった。ところがパウロ六世は、あらゆる避妊、中絶、不妊手術を否定する教皇庁のこれまでの立場を再確認したのである。

抗議と非難の嵐が、カトリック教会内部でも沸き起こった。［……］多くの信者、とくに女性信者が黙って教会を離れた［……］。教会の教導権がすでに深刻な危機的状況にあるなか、回勅が発布されることによって、教皇不可謬の原理そのものが疑問に付されるとともに、カトリシズムが現代文化とは相容れず、現代社会から取り残されているという印象を多くの人に与えることになった。（本書一六三頁）

（五）展望

教会は、もはや過去の遺物であり、現代世界の文化遺産程度のものになりつつあるのだろうか。現在の教皇フランシスコは、「新しいスタイルの教皇」として、教会改革に努め、世俗社会との溝を埋め、現代世界に積極的にコミットしようと努めているが、それが成功するかどうかは不明である。

たしかに、教会の最大の任務は、キリストの教え、すなわち福音をすべての人に伝え届けることにあり、そのためにも、市民社会との溝を埋め、現代世界に適応する努力は必要である。しかし、そのことが自己目的化されるとすれば、つまりみずからの延命のために現代世界に迎合するだけのことであれば、それこそサタンの誘惑と言うべきである。そもそも、キリストの教え、福音とは、この世、すなわち人間が主体である世界、人間を原理とする世界とは別の世界、神によって創造された世界、神の霊によって生かされる世界があり、しかもそれこそ人間が生きるべき真実の世界である、ということなのである。

ところで、すでに述べたように、近代および現代とは、人間が絶対の主体、絶対原理となった時代であり、近代および現代の世界とは、絶対肯定されたこの世そのものである。つまり、近代および現代の世界は、その本質からして、キリストの教え、福音の否定のうえに成り立つ世界なのであり、キリスト教からすれば、それはまさしく原罪の世界である。もちろん、原罪とは人間が生まれながらに負った罪であり、人間は、まずもって原罪の世界、つまりはこの世を生きることを運命づけられている。このように、人間は誰であれ、この世に生まれ、この世に生きているのであり、それこそ人間の自然的状態なのだと言ってもよいが、しかしキリスト教からすれば、この世は唯一絶対の世界でもなければ真実の世界もなく、あくまで罪の世界、過ちの世界、虚妄の世界なのである。

それゆえ、現代におけるキリスト教会の存在意義は、何よりもまず、この世（世俗社会）を全面肯定する現代世界のあり方そのものを根本的に批判し、徹底的に相対化することにあると言わねばなるまい。現代世界がかかえる諸問題、人類の破滅を招きかねない危機的状態、それらの最も大きな原因は、まさに人間が絶対の主体であろうとすること、人間を絶対原理とすることにあるのではなかろうか。

人間がみずからを絶対の主体とみなすとは、人間には自分を超えた目的はないということであり、必然的に、自分自身の存在を維持し、さらには増強し増大させることが至上の目的となる。安全快適な生活を確保すること、富や権力や長寿をひたすら追求すること。当然ながら、人間社会は競争・闘争の場になり、絶えることなく、いたるところで紛争・戦争が起きる。現代は本質的に競争社会である。この地球、さらには宇宙もまた、経済競争のための資源でしかなく、開発の名のもとに自然破壊、環境破壊がとめどなく進行する。

この世に紛争・戦争が絶えないのも、みずからを絶対の主体とする人間には真に愛することが不可能だからである。みずからを絶対の主体とする人間に可能な愛とは、せいぜいのところ相互愛でしかない。しかし相互愛は、相手から愛されなくなれば、また相手に裏切られた場合には、たちまち嫉妬や憎悪や敵意に変わる。世に絶えない紛争・戦争は報復の連鎖にほかならない。キリストの教え、すなわち「汝の敵を愛せ」という無私の愛、無償の愛なしには報復の連鎖は断ち切れず、この世に真の平和は訪れないだろう。だが、みずからを絶対の主体とする人間には、そうした愛はとうてい不可能なのである。

そもそも、人間という存在、〈私〉という存在は、神という絶対の存在、絶対の〈私〉なくして、それ自体として存在し得るのだろうか。「神は言われた。『我々にかたどり、我々に似せて、人を造ろう。』〔……〕神は御自分にかたどって人を創造された」（「創世記」一―二六～七）というのは、古代人の幻想・妄想に過ぎないのだろうか。だが、サン＝テグジュペリはつぎのように言っている。

彼ら〔近代知識人〕はキリスト教が確立した〈人間〉の名においてキリスト教を破壊し（アナーキストの尊属殺し的抗争）、キリスト教が確立した〈人間〉を救おうとした、しかし、彼らがさっそく殺してしまったのは、その〈人間〉なのだ。（『手帖』Ⅳ―137）

また生命、〈いのち〉というものを科学によって正しく説明することができるだろうか。科学的に言えば、生命もまた物質現象にほかならない。それゆえ、人間が誕生することは、組み立てた機械が動くようになることと本質的に変わりなく、人間が死ぬことも、機械が壊れて動かなくなることと同じである。しかし、人間が誕生するとは、ひとりの〈私〉が、突如、無から出現し、それと同時に〈私〉の生きる世界が開かれることであり、人間が死ぬとは、〈私〉という存在、そして〈私〉の生きる世界が、まるごと無に帰することである。だとすれば、〈私〉と〈私〉の生きる世界を無から一挙に在らしめる力こそ、真の〈いのち〉ではないか。キリストの教え、つまり福音とは、まさにそうした力、真の〈いのち〉を人間に伝えようとするものである。
最初に触れたように、そもそも、教会（Église）とは、真の〈いのち〉である神の霊、すなわち聖霊を信じ、聖霊に満たされた者たちの集い（Ecclesia）であり、キリストと信者たちの交わり（communio）の場なのである。そうした教会のあり方は、現代においても変わりようがないし、変えるべきでもあるまい。〈聖霊によって生きる者たちの集い〉という教会のあり方をひたすら世に示し続けることこそ、現代における教会の存在意義そのものであり、それによって、現代世界の呪縛から人間が解放される希望も生まれてくるだろう。

＊

著者ベネディクト・セールは、パリ第一大学で歴史学の博士号を取得、二〇〇八年よりパリ・ナンテール大学准教授、また社会科学高等研究院（ＥＨＥＳＳ）の研究員でもある。専門は中世史、とくに中世末期（十三世紀から十五世紀）の宗教と文化の歴史研究である。主な著作には、以下のものがある。

Penser l'amitié au Moyen Âge, Brepols, 2007
Les 100 mots du Moyen Âge, PUF, 2010（共著『100語でわかる西欧中世』文庫クセジュ、二〇一四年）
Les débats d'opinion à l'heure du Grand Schisme, Brepols, 2016
L'invention de l'Église, PUF, 2019

白水社編集部・文庫クセジュ担当の小川弓枝さんには、訳文を詳しく検討していただいたうえ、年代や人名の確認にも細心の注意を払っていただいた。厚く御礼申し上げたい。

二〇二〇年六月

武藤剛史

訳者略歴
武藤剛史（むとう・たけし）
1948年生まれ、京都大学大学院博士課程中退、フランス文学専攻。
現在、共立女子大学名誉教授。
著書に、『プルースト　瞬間と永遠』（洋泉社）、『印象・私・世界——「失われた時を求めて」の原母体』（水声社）、主要訳書に、ジャン・V・オカール『比類なきモーツァルト』（白水Uブックス）、ミシェル・アンリ『キリストの言葉』（白水社）、ミシェル・ロクベール『異端カタリ派の歴史』（講談社選書メチエ）、ラ・ロシュフコー『箴言集』（講談社学術文庫）、ミシェル・フイエ『キリスト教シンボル事典』、パトリック・ドゥムイ『大聖堂』、ソニア・ダルトゥ『ギリシア神話シンボル事典』（以上、白水社文庫クセジュ）などがある。

文庫クセジュ　Q 1038
キリスト教会史100の日付

2020年8月25日印刷
2020年9月20日発行

著　者　ベネディクト・セール
訳　者 © 武藤剛史
発行者　及川直志
印刷・製本　株式会社平河工業社
発行所　株式会社白水社
東京都千代田区神田小川町 3 の 24
電話 営業部 03（3291）7811 / 編集部 03（3291）7821
振替 00190-5-33228
郵便番号 101-0052
www.hakusuisha.co.jp

乱丁・落丁本は、送料小社負担にてお取り替えいたします。
ISBN978-4-560-51038-4
Printed in Japan

文庫クセジュ

哲学・心理学・宗教

114 プロテスタントの歴史
193 哲学入門
199 秘密結社
252 神秘主義
326 プラトン
342 ギリシアの神託
355 インドの哲学
362 ヨーロッパ中世の哲学
368 原始キリスト教
417 デカルトと合理主義
461 新しい児童心理学
474 無神論
487 ソクラテス以前の哲学
500 マルクス以後のマルクス主義
510 ギリシアの政治思想
535 占星術
542 ヘーゲル哲学
546 異端審問
558 伝説の国
576 キリスト教思想
594 ヨーガ
680 ドイツ哲学史
708 死海写本
733 死後の世界
738 医の倫理
739 心霊主義
751 ことばの心理学
754 パスカルの哲学
764 認知神経心理学
773 エピステモロジー
778 フリーメーソン
780 超心理学
789 ロシア・ソヴィエト哲学史
793 フランス宗教史
802 ミシェル・フーコー
807 ドイツ古典哲学
835 セネカ
848 マニ教
862 ソフィスト列伝
866 透視術
874 コミュニケーションの美学
880 芸術療法入門
892 新約聖書入門
900 サルトル
905 キリスト教シンボル事典
909 カトリシスムとは何か
910 宗教社会学入門
914 子どものコミュニケーション障害
931 フェティシズム
941 コーラン
944 哲学
954 性倒錯
956 西洋哲学史
960 カンギレム
961 喪の悲しみ
968 プラトンの哲学
973 100の神話で身につく一般教養
977 100語でわかるセクシュアリティ
978 ラカン

文庫クセジュ

983 児童精神医学
987 ケアの倫理
989 十九世紀フランス哲学
990 レヴィ＝ストロース
992 ポール・リクール
996 セクトの宗教社会学
997 100語でわかるマルクス主義
999 宗教哲学
1000 イエス
1002 美学への手引き
1003 唯物論
1009 レジリエンス
1015 100語でわかる子ども
1018 聖なるもの
1019 ギリシア神話シンボル事典
1020 家族の秘密
1021 解釈学
1022 デカルト
1027 思想家たちの100の名言
1030 サン＝シモンとサン＝シモン主義

文庫クセジュ

歴史・地理・民族（俗）学

810 闘牛への招待
812 ポエニ戦争
813 ヴェルサイユの歴史
816 コルシカ島
819 戦時下のアルザス・ロレーヌ
831 クローヴィス
842 コモロ諸島
856 インディヘニスモ
857 アルジェリア近現代史
858 ガンジーの実像
859 アレクサンドロス大王
861 多文化主義とは何か
865 ヴァイマル共和国
872 アウグストゥスの世紀
876 悪魔の文化史
879 ジョージ王朝時代のイギリス
882 聖王ルイの世紀
883 皇帝ユスティニアヌス
885 古代ローマの日常生活
889 バビロン
890 チェチェン
896 カタルーニャの歴史と文化
898 フランス領ポリネシア
902 ローマの起源
903 石油の歴史
904 カザフスタン
906 フランスの温泉リゾート
913 フランス中世史年表
915 クレオパトラ
918 ジプシー
922 朝鮮史
925 フランス・レジスタンス史
928 ヘレニズム文明
935 カルタゴの歴史
938 チベット
942 アクシオン・フランセーズ
943 大聖堂
945 ハドリアヌス帝
948 ディオクレティアヌスと四帝統治
951 ナポレオン三世
959 ガリレオ
962 100の地点でわかる地政学
964 100語でわかる中国
967 コンスタンティヌス
974 ローマ帝国
979 イタリアの統一
981 古代末期
982 ショアーの歴史
986 ローマ共和政
988 100語でわかる西欧中世
993 ペリクレスの世紀
995 第五共和制
1001 第一次世界大戦
1004 クレタ島
1005 古代ローマの女性たち
1007 文明の交差路としての地中海世界
1010 近東の地政学
1014 『百科全書』
1028 ヨーロッパとゲルマン部族国家